全民阅读·经典小丛书

开发大脑的
经典思维游戏

KAI FA DA NAO DE
JING DIAN SI WEI YOU XI

冯慧娟 编

 吉林出版集团股份有限公司

图书在版编目（CIP）数据

开发大脑的经典思维游戏 / 冯慧娟编 . — 长春：
吉林出版集团股份有限公司, 2017.3
（全民阅读.经典小丛书）
ISBN 978-7-5581-0993-5

Ⅰ.①开… Ⅱ.①冯… Ⅲ.①智力游戏 – 通俗读物
Ⅳ.①G898.2

中国版本图书馆 CIP 数据核字 (2016) 第 307251 号

KAIFA DANAO DE JINGDIAN SIWEI YOUXI

开发大脑的经典思维游戏

作　　者：	冯慧娟　编
出版策划：	孙　昶
选题策划：	冯子龙
责任编辑：	郝秋月
排　　版：	新华智品
出　　版：	吉林出版集团股份有限公司
	（长春市福祉大路 5788 号，邮政编码：130118）
发　　行：	吉林出版集团译文图书经营有限公司
	（http://shop34896900.taobao.com）
电　　话：	总编办 0431-81629909　　营销部 0431-81629880 / 81629881
印　　刷：	北京一鑫印务有限责任公司
开　　本：	640mm × 940mm 1/16
印　　张：	10
字　　数：	130 千字
版　　次：	2017 年 3 月第 1 版
印　　次：	2019 年 6 月第 2 次印刷
书　　号：	ISBN 978-7-5581-0993-5
定　　价：	32.00 元

印装错误请与承印厂联系　电话：18611383393

前言
FOREWORD

哈佛大学历史上最伟大的校长艾略特说："人类的希望取决于那些知识先驱者的思维，他们所思考的事情可能超过一般人几年、几十年甚至几个世纪。"

爱因斯坦说："想象力比知识更重要，是知识进化的源泉。"

爱因斯坦所说的想象力，就是人的思维能力的一个重要方面。从这两位伟人的话中，我们可以体会到思维能力的重要性。思维能力并不是天生的，它是可以通过后天训练、培养而增强的。正如打网球，如果你不练习，就不可能学会或打得更好。思维能力同样需要练习，通过锻炼，你的思维能力会越来越强！

玩"游戏"是人的天性，思维游戏为我们提供了最好的锻炼大脑思维的方法。平心而论，无论多么优秀的教育都远不及思维游戏对我们大脑的影响。我们深信这样一句话：思维是玩出来的，逻辑是练出来的，头脑就是这样变聪明的！

这是一本不可思议的挑战人类思维能力的图书，上面的游戏全世界的聪明人都在做。无论孩子、老人，或是学生、普通上班族、公司管理者，甚至高智商的天才们，都能在此找到适合自己的题目。在这本书里，你会找到将简单的逻辑深藏于复杂的细节之中的推理问题，让人迷惑不解的图形难题，需要发散思维的算术谜题，或者三者兼有的难题。令你苦思冥想，而又乐在其中。现在，你需要的是一支铅笔和一个安静的角落，尽情地享受"游戏"的乐趣吧！

目录
CONTENTS

一、提升观察力的游戏

1.火眼金睛
HUOYAN JINJING

001.一样的蝴蝶 / 014

002.不相称 / 015

003.不同的蜘蛛 / 015

004.不同的螺旋蚊香 / 016

005.马的朝向 / 016

006.共有几匹马 / 017

007.门廊中的正方形 / 017

008.补充图形 / 018

009.能打结的绳子 / 019

010.哪个圆圈大 / 019

011.镜子里的时间 / 020

012.是冬天还是夏天 / 020

013.最后一个弹孔 / 021

014.找出最长的竖线 / 021

015.比身高 / 022

016.立方体上的图案 / 022

2.常识考验
CHANGSHI KAOYAN

017.珍珠是怎么被偷的 / 023

018.空格中的内容 / 023

019.填方格 / 024

020.星期几 / 024

021.数学老师的争吵 / 025

022.计算日期 / 025

023.下一个花形 / 025

024.对号入座 / 026

025.迷宫救公主 / 026

026.填充游戏 / 026

027.组合数字 / 027

028.哪一天相遇 / 027

029.替换问号 / 028

030.收益最大化 / 028

3.图形分割
TUXING FENGE

031.只剪3刀 / 029

032.分割图形 / 029

033.切表盘 / 029

034.你做得到吗 / 030

035.改装扇子 / 030

036.铁片分割 / 030

037.切圆柱 / 031

038.拼接图形 / 031

039.拼八角星 / 031

040.分割图形 / 032

041.巧动铁丝 / 032

042.分割梯形土地 / 032

043.分割钟面 / 033

044.截磁铁 / 033

045.做调色板 / 033

046.打不开的锁 / 034

047.机器零件 / 034

二、培养逻辑力的游戏

1.灵活数字
LINGHUO SHUZI

048.帕斯卡三角形 / 036

049.补数字 / 036

050.能被3除尽的数字 / 037

051.猜三位数 / 037

052.填全数字 / 037

053.9个圆圈的数字 / 038

054.错变对 / 038

055.特别的阶梯 / 039

056.玩具的价格 / 039

057.和是800的等式 / 040

058.各是多少 / 040

059.日历是几号 / 040

目录
CONTENTS

060.数字游戏 / 041

061.缺的什么数字 / 041

062.数字图形 / 041

2.算术谜题
SUANSHU MITI

063.分牛 / 042

064.多少坛酒 / 042

065.猴子分苹果 / 043

066.倒了多少牛奶和水 / 043

067.柠檬的总数 / 044

068.分到多少糖 / 044

069.鸡和鸭的数目 / 044

070.算羊 / 045

071.花花跑了多远 / 045

072.蜡烛燃烧的时间 / 046

073.摘了多少桃 / 047

074.搬救兵的小蜜蜂 / 047

075.老太太的手帕 / 048

076.班长的组别 / 048

077.3个9表示2 / 049

078.猫追老鼠 / 049

079.罗蒙诺索夫的生卒年份 / 050

080.打到多少猎物 / 050

3.魔力棋牌
MOLI QIPAI

081.象棋跳马规则 / 051

082.九角星形棋盘 / 051

083.未发完的桥牌 / 052

084.怪老头摆棋 / 052

085.围棋的另类玩法 / 053

086.摆棋子 / 053

087.5×5棋子阵 / 053

088.猜数问题 / 054

089.移动棋子 / 054

090.变动围棋 / 054

091.猜扑克 / 055

092.最佳变动方法 / 055

094.翻牌 / 056

093.花样扑克 / 056

095.取走的两张牌 / 056

三、训练推理力的游戏

1.假设推理
JIASHE TUILI

096.几个天使 / 058

097.性别判断 / 058

098.判断男女 / 059

099.动物的数量 / 059

100.好学的平平 / 060

101.寻找鸵鸟蛋 / 061

102.吃面包 / 062

103.开始时的钱数 / 062

104.三位系领带的先生 /063

105.婚姻状况 / 064

106.妈妈的存款 / 064

107.贫穷骑士的求婚 / 064

108.三个朋友聚会 / 065

109.不实陈述 / 066

110.猜扑克牌 / 066

111.是谁点的餐 / 067

2.疑案分析
YIAN FENXI

112.雪地上的脚印 / 068

113.电话求救 / 069

114.5秒钟难题 / 070

115.音乐会上的阴谋 / 071

116.正确的车牌号码 / 072

117.左撇子自杀案 / 072

118.谁是绑架犯 / 073

目录
CONTENTS

119.办公室盗窃案 / 073
120.遗嘱仍然有效 / 074
121.作案的时间 / 075
122.寻找偷马贼 / 075
123.回忆找凶手 / 075
124.博士遭劫案 / 076

125.谁是肇事者 / 077
126.谁害死了贾斯 / 077
127.找破绽 / 078
128.县令巧断案 / 078
129.杀人浴缸 / 079
130.不设防的财务室 / 080

四、增进创新力的游戏

1.灵机一动
LINGJI YIDONG

131.同一款服装 / 082
132.最快的办法 / 082
133.闹钟没有错 / 082
134.下坡推车走 / 083
135.不会模仿的动作 / 083
136.邀请邻居 / 083
137.热水不见了 / 084
138.戒指掉哪儿了 / 084

139.锁小艇 / 084
140.小李在做的事 / 084
141.最笨的做法 / 085
142.演员的影像 / 085
143.不用上保险的名画 /085
144.志刚勇敢吗 / 086
145.丢了多少钱 / 086
146.老人梳头 / 086
147.分罐头 / 086

2.趣摆火柴
QUBAI HUOCHAI

148.取出樱桃 / 087

149.改变楼高 / 087

150.变换房屋的方向 / 087

151.添一根火柴 / 088

152.农场主分地 / 088

153.把 "E" 变小 / 088

154.火柴分隔图形 / 089

155.变正方形 / 089

156.向反方向游 / 089

157.左顾右盼的小猪 / 090

158.大小长颈鹿 / 090

159.8根火柴棒 / 090

160.变三角形 / 091

161.等分三角形 / 091

162.火柴头朝上 / 091

163.移动3根火柴 / 092

164.相同的图形 / 092

165.巧变正方形 / 092

166.巧妙移动 / 093

167.保持图形的面积 / 093

168.加火柴 / 094

169.移火柴 / 094

五、加强判断力的游戏

1.直觉判断
ZHIJUE PANDUAN

170.分辨真花和假花 / 096

171.冷得快的牛奶 / 096

172.真假古铜镜 / 096

173.荒谬的法令 / 097

174.哪个世纪 / 097

175.环球旅行 / 097

176.潮水何时淹没绳结 / 098

177.哥伦布航海 / 098

目录
CONTENTS

178.哪只狗流汗多 / 098

179.山羊吃白菜 / 099

180.房子在哪里 / 099

181.假币的损失 / 100

182.猜猜熊的颜色(1) / 100

183.猜猜熊的颜色(2) / 100

184.寒间还是暖间 / 101

185.后天是星期几 / 101

2.思维陷阱
SIWEI XIANJING

186.数字间的规律 / 102

187.买鸡赚了多少 / 102

188.简单的糊涂账 / 103

189.赚了还是亏了 / 103

190.奇妙的数字 / 104

191.泄密年龄的公式 / 104

192.白猫的噩梦 / 105

193.怎么样做才公平 / 106

194.翻墙的蜗牛 / 106

195.蛀虫咬了多长 / 107

196.跑步超越 / 107

197.吃馒头协议 / 108

198.糖果包装的价格 / 108

199.乌龟和青蛙赛跑 / 109

200.爬楼梯比赛 / 109

201.分苹果 / 109

202.骆驼的嘶鸣声 / 110

203.一年内吃4种水果 / 110

六、拓展想象力的游戏

1.答疑释问
DAYI SHIWEN

204.坐座位 / 112

205.过了多久 / 113

206.把石头变小 / 113

207.出去了多久 / 114

208.开关和灯泡 / 114
209.惨案发生的时间 / 115
210.硫酸该怎么倒 / 115
211.3个儿子分马 / 116
212.烧香定时间 / 116
213.小圆转了几圈 / 117
214.假手镯 / 117
215.牛棚的面积减半 / 117
216.灯泡开关 / 118
217.外交部部长分饼 / 118
218.分绿豆 / 119
219.机灵的凌云 / 119

2.拓扑结构
TUOPU JIEGOU

220.一笔画 / 120
221.奥运会会标 / 120
222.可能吗 / 121
223.七桥问题 / 121

224.莫比斯环 / 122
225.两个影像 / 122
226.完全吻合 / 123
227.锥体展开 / 123
228.不协调的贴画 / 124
229.涂色 / 124
230.土地的面积 / 125
231.缺了一块的图形 / 125
232.真实的立体图 / 125
233.找出多余的一块 / 126
234.哪一粒不可能 / 126
235.三角形变倒立 / 127
236.钟上的时间 / 127

答案/128

一、提升观察力的游戏

1.火眼金睛

001.一样的蝴蝶

春天来了，美丽的蝴蝶在花丛中飞舞，红的、白的、黄的……绚丽的颜色和图案让人看得眼花缭乱。考考你的眼力，你能从下图中找出两只一模一样的蝴蝶吗？

002.不相称

下面的图，只有一幅图与其他图不同，你能找出来吗？

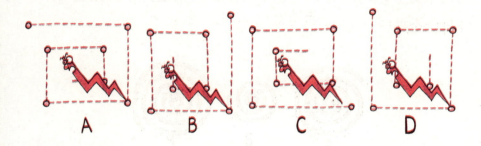

A　　B　　C　　D

003.不同的蜘蛛

下面的图，只有一幅图与其他图不同，你能找出来吗？

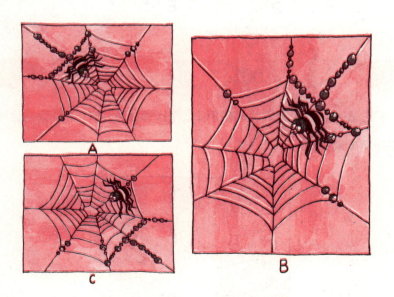

A

C

B

004.不同的螺旋蚊香

❓ 夏天的晚上，蚊子总是在耳边飞来飞去，小明实在难以忍受，就去买了几盘螺旋蚊香。在下列几个蚊香图案中，你能找出与其他图案都不同的一个吗？

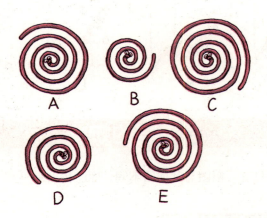

005.马的朝向

❓ 下图是一幅很有意思的马的图案，它到底是朝向你还是背向你呢？你能判断出来吗？

006.共有几匹马

? 徐悲鸿非常擅长画马，他画的马惟妙惟肖。下图中也有几匹形态各异的马，你能判断出一共有几匹马吗？

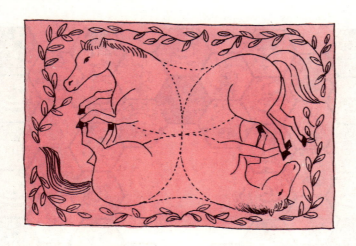

007.门廊中的正方形

? 一位著名的摄影家拍了一张照片，照片上是一处非常有意思的门廊，你知道其中共有多少个正方形吗？

下面的图形并不完整，请开动脑筋，从A、B、C、D中选出正确的一项填入下图的空缺处。

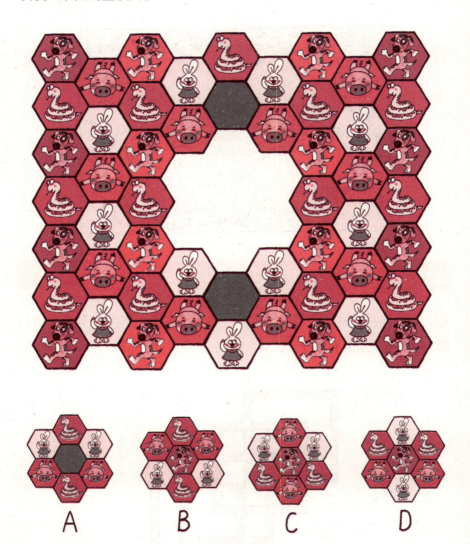

009.能打结的绳子

? 几个姑娘有说有笑地坐在一起给绳子打结。你也来加入她们吧！下图中有4根绳子，用力拉绳的两端，哪一根绳子能打成结呢？

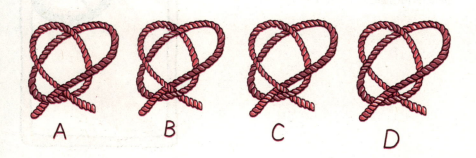

A　　B　　C　　D

010.哪个圆圈大

? 小明在数学课上画了两幅圆圈的图片，请你判断一下，两张图片中中间的圆圈哪个更大一些？

011.镜子里的时间

❓ 田华做完作业，一抬头看见镜子里的钟表上显示的时间是9：35。请你帮她想想，钟表实际上是几点几分？

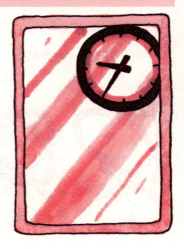

012.是冬天还是夏天

❓ 王芳从小就想当一名画家，她养成了认真观察周围景物的好习惯。下面是她画的两幅画，一幅是在冬天画的，一幅是在夏天画的，你能区分出来吗？

013.最后一个弹孔

某地发生一起枪杀案。案发当时，富翁正站在房屋的窗户旁边，他是被突然从窗外射来的子弹击中的。凶手的枪法并不太准，一连打了4枪，最后一枪才打中了富翁。

警察赶到后，勘查了犯罪现场，在窗户的玻璃上发现了4个弹孔。你能判断出最后一枪的弹孔是哪个吗？

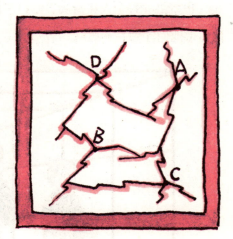

014.找出最长的竖线

你能从这些流动的竖线中找出最长的一条吗？

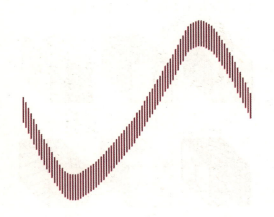

015.比身高

❓ 甲、乙、丙3个人比身高，他们都认为自己是3个人中个子最高的人。请你帮他们评判一下吧！

016.立方体上的图案

❓ 仔细观察下图，请判断图中哪一个不属于同一立方体？

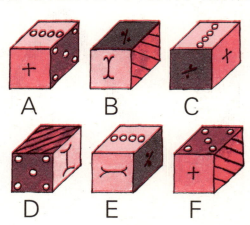

A   B   C

D   E   F

2.常识考验
CHANGSHI KAOYAN

017.珍珠是怎么被偷的

❓ 为了参加伊丽莎白女王举行的宴会，伯爵夫人穿戴上了最华丽的服饰。可是，她的珍珠项链却断了。心急如焚的伯爵夫人马上把项链拿到珠宝店去修理。但是珠宝店老板是个贪财的人，为了防止他偷走珍珠，伯爵夫人把项链上的珍珠仔细数了一遍：从上面数到下面共有13颗，而且从上往下数，中途向左或向右数都是13颗。数完后，伯爵夫人放心地把项链交给了珠宝店的老板。老板一看到这么名贵的项链，心里便打起了坏主意。他把项链拆开，拿走了两颗珍珠。第二天，伯爵夫人来取项链，她用昨天的方法又数了一遍，发现还是13颗，于是放心地回家了。你知道珠宝店老板是怎么做到的吗？

018.空格中的内容

❓ 数学课上，陈老师拿来一块数字板，让大家猜一猜数字板上的空格内应该填入什么？大家七嘴八舌地说了好多答案，可没有一个是正确的。聪明的颜玲灵机一动，一下子就说对了答案。你知道颜玲的答案是什么吗？她是如何联想才迅速找到答案的呢？

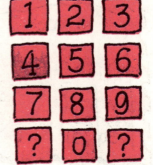

? 仔细观察下面方格的规律，它好像是我们经常接触到的一个东西哟！只要你联想到它，立刻就能将方格填写完整了。

? 上个月30号是小崔的生日，来了很多朋友为他庆祝。生日会结束后，已经很晚了，他随手把一块吃剩的蛋糕放在书桌上的台历旁边。到了夜深人静的时候，小老鼠闻到了蛋糕的香味儿，偷偷溜出来，几口就吃掉了剩下的蛋糕，临走前还将台历咬得面目全非。

第二天早上小崔起床后，他发现桌子上只剩下一些蛋糕屑和只能依稀看到几个字的台历（如下图所示）。你能根据这些剩下的数字，帮小崔推测出这个月的1号是星期几吗？

021.数学老师的争吵

❓ 两位数学老师平时是很好的朋友，但这一次她们相对坐在办公桌前，为一道题争得面红耳赤。其中一个说："这个等式是正确的。" 另一个则坚持说："不，这完全是错误的！"

　　你知道她们看到了一个什么样的题目，才会争论得这么激烈吗？

022.计算日期

❓ 李威代表学校参加初中组数学竞赛，他碰到这样一道数学题：已知日历上3个日期的数字之和为42，这3天分别是星期二、星期三、星期四，要求推算出这3个日期是几号。你也和李威一起来算一算吧！

023.下一个花形

❓ 仔细观察下图中花形排序的规律，请你判断出下一个花形应该是什么样子的？

024. 对号入座

❓ 有A、B、C、D、E、F六人坐在一张圆桌周围打牌，已知E与C相隔1人，且在C的右面（如图），D坐在A对面，F与A不相邻，B在F的右面。A、B、D、F各坐在什么位置上？

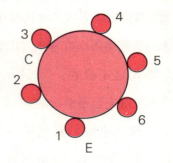

025. 迷宫救公主

❓ 这是一张迷宫图案。在A地设有一扇门，门被锁住了，里面关着一位苹果公主。现在香瓜王子欲救出苹果公主，他拿着钥匙站在门口，假设香瓜王子从门口进去要花10分钟，请问苹果公主有没有可能在5秒之内获救？（迷宫内墙壁高达3米，是爬不上去的）

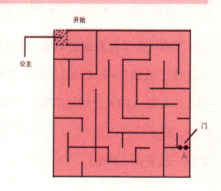

026. 填充游戏

❓ 请仔细观察下图中的规律，然后选出正确的一项，填入空白处。

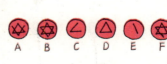

027.组合数字

❓ 数学王国里的数字非常奇妙，请将下图中的各个部分组合成数字，看看与哪个选项相符。

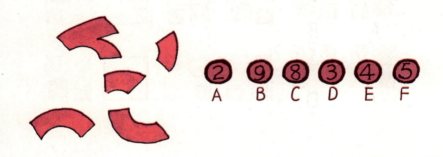

② ⑨ ⑧ ③ ④ ⑤
A B C D E F

028.哪一天相遇

❓ 张三和李四是在一家健身俱乐部首次相遇并相互认识的。

（1a）张三是在1月份的第一个星期一那天开始去健身俱乐部的。

（1b）此后，张三每隔4天（即第五天）去1次。

（2a）李四是在1月份的第一个星期二那天开始去健身俱乐部的。

（2b）此后，李四每隔3天（即第四天）去1次。

（3）在1月份的31天中，只有一天张三和李四都去了健身俱乐部，正是那一天他们首次相遇。

张三和李四是在1月份的哪一天相遇的？（提示：判定李四是在张三之前还是之后开始去健身俱乐部的；然后判定张三和李四是从哪一天开始去健身俱乐部的。）

029.替换问号

❓ 请仔细分析下图的规律，想一想，问号处可以用选项中的哪一项替代？

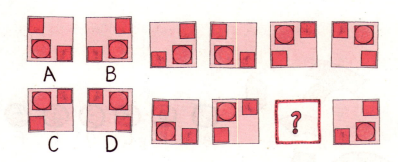

A   B

C   D

030.收益最大化

❓ 5个海盗抢到了100颗宝石，每一颗都是一样的大小和价值连城；他们决定这么分：

1.抽签决定自己的号码（1、2、3、4、5）。

2.首先，由1号提出分配方案，然后大家5人进行表决，当且仅当半数和超过半数的人同意时，按照他的提案进行分配，否则将被扔进大海喂鲨鱼。

3.如果1号死后，再由2号提出分配方案，然后大家4人进行表决，当且仅当半数和超过半数的人同意时，按照他的提案进行分配，否则将被扔进大海喂鲨鱼。

4.依次类推……

条件：每个海盗都是很聪明的人，都能很理智地判断得失，从而作出选择。

谁拿到的宝石最多？

3.图形分割
TUXING FENGE

031.只剪3刀

? 下图是一块像钳子形状的铁片，请你只剪3刀，拼出一个正方形来。

032.分割图形

? 请将右图分成4等分，要求每一等分仍要保持现在的图形形状不变。你能做得到吗？

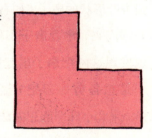

033.切表盘

? 右图是一面表盘，现想将表盘切成6块，并能保证切好后每块表盘上面的数字加起来都相等，应该怎样切呢？

034. 你做得到吗

有一天，爸爸拿回家一块形状奇怪的木板（如右图所示）。威威好奇地拿着木板看来看去，爸爸问威威："如果只能锯两次，你能将这块木板拼成一个正方形吗？"威威左思右想，也不知道该从哪里下手。快来帮帮威威吧！

035. 改装扇子

爸爸到南方出差时给小妹买回两把银杏叶形状的扇子（如右图所示）。小妹非常高兴，拿着扇子不停地摆弄。后来她发现这两把扇子扇起风来不够凉快，于是想各剪一刀把它们拼成一个正方形。来和小妹一起想办法吧！

036. 铁片分割

李记铁铺有一块十字形的铁片，铁片上有8个圆孔和4个方孔。李师傅想要将铁片分割成形状、尺寸均相同的4块铁片，并且保证每块中要有两个圆孔和一个方孔。你知道李师傅会怎么做吗？

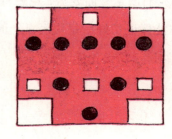

037.切圆柱

❓ 数学课上，何老师说："谁能在圆柱上均匀地切两刀，将它变成同样大小的3等分？"老师话音刚落，同学们都举起了手。何老师微微一笑，接着说："那么谁能切3刀将这个圆柱分成3等分呢？"这时很多同学都放下了手。你知道问题的答案吗？

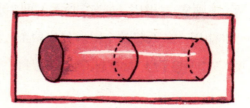

038.拼接图形

❓ 请你用两条直线将右图中的罐状图形截成3份，并保证截出来的3份能拼成一个正方形。

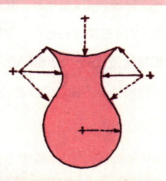

039.拼八角星

❓ 小苏按老师的要求，将正八角形（如右图所示）画在一块薄纸板上，然后在纸板的中间挖了一个正八角形的洞。可是，他做完这些就不知道该怎么继续了，因为老师还要求将薄纸板上的图形剪成8块，再拼成一个八角星，并且中间也要留一个八角形的孔。快来帮帮小苏吧！

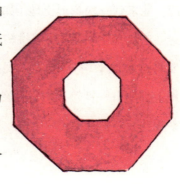

040.分割图形

? 老师拿一幅图片（如右图所示）问同学们："谁能用一条线将这个图形分成两个三角形呢？"李明想了想，就举起了手。你想到了吗？

041.巧动铁丝

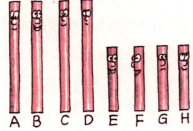

? 哥哥找来8根铁丝，其中有4根铁丝是另外4根铁丝长度的一半。他想用这8根铁丝做成3个大小相同的正方形。要求不能将铁丝弯曲，应该怎么做呢？

042.分割梯形土地

? 有一次，村主任检查村子里的土地状况。他来到一块梯形土地（如右图所示）旁边。这块地上种着4棵樱桃树。如果村主任要将这块地平均分给4户农民，且保证每块地上都要有一棵樱桃树，应该怎样分配才公平呢？

043.分割钟面

? 下图这个时钟的钟面被一条直线隔开了。你发现没有，直线两边的数字各自相加之和相等。现在请你在钟面上重新画一条直线，让直线两边的数字各自相加之和的比为1：2，你做得到吗？

044.截磁铁

? 大家都见过马蹄形磁铁吧！请你先在纸上画出来，再用两条直线将磁铁截成6段。注意，截的时候不能改变磁铁位置。你做得到吗？

045.做调色板

? 这个学期要开美术课，小秦想自己动手做一个调色板。他向爸爸要来一块中间有一个洞的木板（如下图所示）。现在他要做的就是将这块木板割开后再重新拼成调色盘的形状，但是需要改变洞的位置。小秦应怎样做呢？

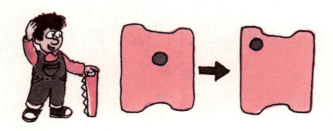

046.打不开的锁

❓ 我们平时接触过各种各样的锁。手头的这把耶鲁锁就有些奇怪了，它一共有5道保险，非常安全。为什么把钥匙插进去也打不开它呢？（下图就是这把耶鲁锁的横切面，锁栓的高度因钥匙的插入程度而有所不同）

047.机器零件

❓ 工厂里的王师傅在一块中间有方孔的圆形板材上对称地做了些记号。王师傅要求徒弟小张将圆形板材做成大小、形状均相同的四个机器零件，并且每块都恰好带有一个小圆圈和一个三角形。请你帮小张想一想，怎样做才能达到王师傅的要求？

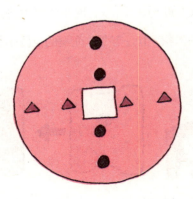

二、培养逻辑力的游戏

1.灵活数字

LINGHUO SHUZI

048.帕斯卡三角形

? 帕斯卡在数学和物理方面都做出了突出的贡献，他发现的帕斯卡三角形为人们解幂的方程提供了一种新的思路。请根据下面帕斯卡三角形中的数字规律，填出最下面一行的数字。

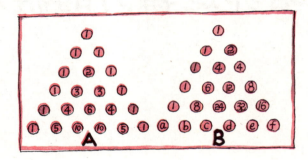

049.补数字

? 仔细看下图，找到图中数字排列的规律，然后将问号处的数字补全。

24	?	21
22		45
5	38	17

050. 能被3除尽的数字

❓ 右面有一些数字，请你从中任意找出3个数字组成一个号码，但其中任意两个数字不能来自同一行或同一列。请你判断哪组号码能被3除尽，有无法被3除尽的情况吗？

051. 猜三位数

❓ 有一个奇怪的三位数，减去7后正好能被7除尽，减去8后正好能被8除尽，减去9后正好能被9除尽。你能猜出这个三位数是多少吗？

052. 填全数字

❓ 右面数字方块的每一行、每一列以及两条对角线，都包含了1、2、3、4这四个数字。你能将数字方块中未标示的数字填出来吗？

❓ 图中9个圆圈组成了3个横式、1个竖式。请你在9个圆圈中填入1~9九个数字，使这4个等式都成立。1~9这9个数字必须且只能填一次。请标示在圆圈中。

054.错变对

❓ 数学王国里有无穷的奥秘，只要你用心挖掘，就能感受到许多乐趣。请你只移动一个数字，使62－63＝1成立。如果只移动一个符号就能使等式成立，应该怎样移呢？

$$62 - 63 = 1$$

055.特别的阶梯

? 下图中是一个很特别的魔术阶梯，你可以将它倒过来看，就能发现它的奥妙了。

现在请在每一个台阶上各放一张黑色和白色的卡片，使每一个台阶上的卡片的数字之和形成5个连续的数字，即9、10、11、12、13。

该怎么放置卡片呢？

056.玩具的价格

? 星期天，妈妈带林林到商店里玩儿。林林看着各式各样的玩具开心极了。妈妈答应林林，如果他能把玩具的总价算出来，就奖励他一个玩具。图中就是每种玩具的价格，数字表示该行或列所示价格的和，你也来算一下吧。

	22	12	18	16	?
16	🦆	🏀	🏀	🏀	🦆
19	🦆	🌸	🦆	🌸	🐻
17	🦆	🏀	🌸	🦆	🐻
16	🦆	🐻	🦆	🏀	🦋
?	🏀	🦋	🏀	🦋	🐻

057.和是800的等式

❓ 将6个8组成若干个数（可以是一位数，也可以是两位数），使其相乘和相加后的和等于800。

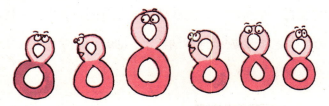

058.各是多少

❓ 如图，已知B比C的两倍小，且B、C都不等于0，那么A、B、C的数值各是多少？

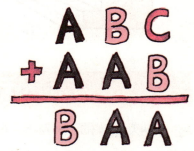

059.日历是几号

❓ 早上，小明连着撕掉9张日历。这9张日历的日期加起来正好是54。请问：小明撕掉的第一张日历是几号？最后一张日历又是几号？

060.数字游戏

? 老师在讲台上放了3张卡片，要求将卡片上的数字互相调换一下位置，使其变成能用43除尽的三位数。你知道应该怎样调换位置吗？

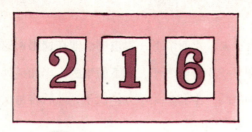

061.缺的什么数字

? 找出规律后，补全所缺的数字。

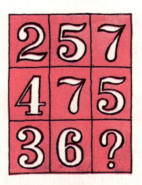

062.数字图形

? 请在右图中的问号处填入适当的数字，并计算出各图形所代表的数值。

$$\blacksquare + \diamondsuit - \blacktriangledown = 6$$

$$\blacktriangledown - \blacktriangle + \blacksquare = 3$$

$$\diamondsuit \times \blacksquare \times \blacktriangledown = 140$$

$$\diamondsuit + \blacktriangledown + \blacksquare = ?$$

2.算术谜题
SUANSHU MITI

063.分牛

❓ 从前，有一个农夫，死前留下一封遗书。他在遗书中这样写道："将我所有牛的一半和半头牛分给妻子，剩下的牛的一半和另外半头牛留给长子；再将未分配的牛的一半和半头牛分给次子，最后将每次剩下的牛的一半和另外半头牛留给长女。"

聪明的妻子和孩子们按照农夫的遗愿，没有杀掉任何一头牛，就圆满地将牛分配给了每一个人。请问：这个农夫死后到底留下了多少头牛？

064.多少坛酒

❓ 有一次，宋朝的大科学家沈括去一家酒店喝酒。店主人认识沈括，走上前对他说："听说您是名满天下的奇才，我有一个问题向您请教。您能快速地算出我的店里一共存了多少坛酒吗？"

沈括顺着店主人手指的方向一看，只见墙角整整齐齐地堆着7层酒，最上面的一层有4×8坛，第二层有5×9坛，以后每一层长和宽都各多出一个坛子。沈括微微一笑，脱口就说出了答案。

你知道一共有多少坛酒吗？沈括又是如何快速得出答案的呢？

065.猴子分苹果

❓ 有5只猴子约好一起在海滩上分苹果。有一只猴子比规定的时间来得早了。它左等右等，也不见其他几只猴子的踪影，于是索性把苹果分成5堆，每堆苹果的数量相同，不过最后还剩下一个苹果。它想了想，随手把多出来的苹果扔到了大海里，自己拿走了其中的一堆。过了一会儿，第二只猴子来了，它又把苹果分成5堆，最后也多出了一个，它同样把多出来的苹果扔掉了，并且也拿走了其中一堆苹果。之后另外3只猴子也按相同的方法拿走了属于各自的苹果。

请问：原来至少有多少个苹果？最后至少剩下多少个苹果？

066.倒了多少牛奶和水

❓ 库房里放着两只桶，A桶里盛着矿泉水，B桶里盛着牛奶。由于牛奶乳脂含量过高，必须用水稀释后才能喝，所以现在工作人员将A桶里的水倒入B桶中。经过这样的混合后，B桶中牛奶的体积翻了一番。接着，工作人员又把B桶里稀释过的牛奶倒进A桶，这样A桶里液体的体积也翻了一番。最后，工作人员再次将A桶中的液体倒进B桶中，使B桶中液体的体积翻番。

这时，两只桶里盛有的液体是等量的，而在B桶中，水要比牛奶多出1加仑。现在请问：开始时有多少水和牛奶，最后每只桶里又有多少水和牛奶？

067.柠檬的总数

小毛买来一堆柠檬，他将柠檬总数的一半加半个放到东屋，把剩下一半加半个的1/2放在西屋，另一个藏在冰箱上面，柠檬的总数不足9个。请问小毛一共有多少个柠檬？柠檬没有切半。

068.分到多少糖

大杂院里的三姐妹收到了舅舅从外地寄来的一大包糖。她们数了数，一共有770块糖。她们商量根据3个人年龄大小按比例分配这些糖。

比如，如果二姐拿4块糖，大姐可以拿3块；而每当二姐得到6块糖，小妹可以拿7块。根据上面的分配方法，你知道每个人可以分到多少块糖吗？

069.鸡和鸭的数目

王强和小明在一起玩，王强问小明："你们家里有多少只鸡、多少只鸭啊？"小明回答说："将鸡的数量与鸭的数量的乘积，放在镜子前面照一下，镜子里看到的恰巧就是我们家养的鸡和鸭的总数。"王强一下子听愣了，你能帮他算一下吗？

070.算羊

傍晚，一个牧童赶着一群羊回家，一个人牵了一只小羊跟在牧童后面。这个人问牧童："你赶了这么多羊，能有100只吧？"牧童并没有直接回答他的问话，说："如果再有这么一群羊，再加这群羊的一半，然后加上1/4群羊，最后算上你的那一只，才够100只羊。"请问：牧童到底赶了多少只羊？

071.花花跑了多远

星期天，明明和天天约好一起去青少年宫。天天带着小猫花花先出发，10分钟后明明才从家中出发。明明刚锁好门，就看见天天的小猫花花跑过来了。之后，淘气的花花马上又跑回天天那里。花花就这样在明明和天天之间来回跑。

如果小猫花花每分钟跑500米、明明每分钟走200米、天天每分钟走100米的话，那么从明明出门一直到追上天天的时间里，小猫花花一共跑了多远的距离？

072.蜡烛燃烧的时间

❓ 妹妹正在房间里做作业，突然电灯灭了，原来是保险丝烧断了。妹妹叫哥哥去修保险丝，自己则找来两支备用的蜡烛在烛光下继续看书。

第二天，妹妹想知道昨天晚上一共断了多长时间的电。可她当时既没有注意断电开始的时间，也没有注意是什么时候来电的，只记得两支蜡烛一样长短，但粗细不同，其中粗的一支全部烧完要用5个小时，细的一支能用4个小时。于是她去找那两支被烧过的蜡烛。哥哥说："不用找了，它们都烧得差不多了，我把它们扔掉了。"妹妹问哥哥："你能记得两支蜡烛各剩下多长吗？"哥哥回答："一支剩下的蜡烛的长度等于另一支的4倍。"

聪明的妹妹根据哥哥的回答算出了蜡烛的燃烧时间。你知道两支蜡烛各烧了多长时间吗？

073. 摘了多少桃

❓ 小猴跑到一个桃园里，见四周没人，就爬上树摘了很多桃。它兴高采烈地背起桃往回走，可没走几步，就被土地公公拦住了。土地公公说，他管着这片桃园，没有功劳也有苦劳，一定要分一半。小猴觉得土地公公说得也有道理，就把一半的桃分给了土地公公。土地公公见小猴好说话，就又拿走了包里一个特别大的桃。小猴脸色非常难看，但又不敢和土地公公争执，背起桃、嘟着嘴继续向前走。没走多远，小猴又被风神拦住了，风神也同样从小猴的包里拿走了一半桃外加一个大桃。之后，小猴又碰到了雨神、电神和雷神，也被他们用同样的办法拿走了桃。

等小猴回到家的时候，包里只剩下一个桃子了。小猴觉得很委屈，向妈妈诉说事情的经过。妈妈问它一共摘了多少桃，小猴摇摇头，说它既不知道总共有多少桃，也不知道被每个神仙拿走的数量。但是聪明的猴妈妈一算，就知道了桃子的总数。

你知道桃子的总数是怎么样算出来的吗？

074. 搬救兵的小蜜蜂

❓ 一只小蜜蜂奉蜂王的命令出来寻找蜜源。它飞呀飞呀，发现前面有一个公园，开满了各种各样的鲜花。它立刻回巢叫来10个同伴。可花蜜太多了，凭它们的力量采不完。于是每只蜜蜂回去各找来10只蜜蜂，继续采蜜，可还是剩下很多花蜜。就这样，每一只采蜜的蜜蜂又回去各自叫来了10个同伴，结果仍然采不完。没办法，

蜜蜂们再回去，每只蜜蜂又叫来10个同伴，终于把这一片蜜源采完了。

你知道最后一共有多少只蜜蜂在公园里采蜜吗？

075.老太太的手帕

? 最近，一个古怪的老太太总是来亨利的店里买些数量非常奇特的东西。她先买走了几副鞋带，又买走4倍于鞋带数的针线包，最后又买了8倍于鞋带数的手帕。她一共花了3.24美元，买进每件东西所花的美分数正巧等于她买这种东西的件数。

老太太奇怪的购物行为让亨利非常头疼。快来帮亨利理理账目吧，这位老太太究竟买了多少块手帕？

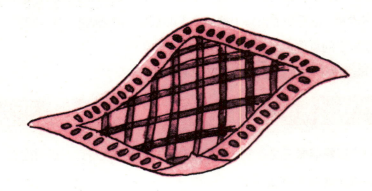

076.班长的组别

? 某班一共有56名学生，除了1号转学外，其余2至57的学号都对应着学生。一天，班长按学号顺序将全班同学分成甲、乙、丙、丁4个组：2号在甲组、3号在乙组、4号在丙组、5号在丁组、6号在甲组、7号在乙组……请问：班长是55号，应该分到哪个组？

077.3个9表示2

❓ 有一天，雅典一位自以为很高明的数学家，故意拿来一道难题考柏拉图。他想认为如果柏拉图回答不上来，一定很难堪。

数学家来到柏拉图面前，装作毕恭毕敬地说："尊敬的柏拉图先生，请问您能用3个9表示2这个数字吗？"柏拉图不愧是个大人物，他除了对哲学研究得非常深入以外，对数学也有颇深的造诣。柏拉图知道数学家的用意，微笑着对数学家说："这并不是什么难题，我用简单的数学符号就可以回答这个问题。"

聪明的读者，你知道柏拉图是怎样用数学符号解答的吗？

078.猫追老鼠

❓ 一只猫发现在距离它前方10步远的地方有一只小老鼠正在鬼鬼祟祟地探路，马上向前扑了过去。猫的步子大，它跑5步的路程相当于老鼠跑9步。但是小老鼠在速度方面占有优势，猫跑2步的时间，老鼠能跑3步。

请问：以老鼠目前的速度，会被猫追上吗？如果追得上，猫要跑多少步呢？

079.罗蒙诺索夫的生卒年份

❓ 生活在18世纪的罗蒙诺索夫是俄国伟大的科学家。你能从下面列出的条件中，判断出他的生卒年份吗？

他出生年份的四个数字相加等于10，并且个位数字与十位数字相同。

他逝世年份的四个数字相加等于19，如果该年份的十位数字除以个位数字，那么商数是1，余数也是1。

080.打到多少猎物

❓ 一对夫妻住在大山里，靠打猎为生。有一天，丈夫外出打猎，很晚才回到家里。

妻子以为丈夫一定打回来很多猎物，就兴冲冲地问他："你今天打了几只猎物？"猎人不想让妻子扫兴，就说："打了9只没有尾巴的，8只半个的，6只没头的。"妻子听得摸不到头脑，根本不知道猎人说的是什么意思。

你知道猎人到底打了多少只猎物吗？

3.魔力棋牌

MOLI QIPAI

081.象棋跳马规则

? 中国象棋遵循"象飞田，马走日"的规则，意思是棋子"象"在棋盘上要走"田"字形，"马"在棋盘上只能走"日"字形。

假设一个棋手将"马"放在棋盘上的任意一个位置上，请问：在走过999步以后，"马"能跳回原来的位置吗？

082.九角星形棋盘

? 有一个九角星形的棋盘，在每个星形的末端放着9颗一模一样的棋子。游戏规则如下：

两个人轮流走棋，一次可以拿掉一颗或者两颗棋子。若想一次拿走两颗棋子，则必须保证两颗棋子之间有线相连（例如：可以同时拿掉①与⑥，①与⑦则不能同时拿掉）。最后，没有棋子可拿的人就是输方。

请问：怎样做才能保证一定能取胜？

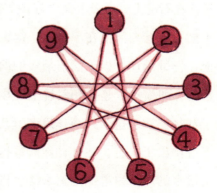

083. 未发完的桥牌

打桥牌需要4名牌手和52张扑克牌。发牌人从他的左手起按顺时针方向依次发牌，这样每人可以得到13张牌。

有一次，当发牌人刚发了一部分牌，手机响了。等他接完电话再回到桌边，大家都不记得刚才的牌发到哪儿了。这时，发牌人想了一个好办法，不用大家重新数手中的牌，直接就将牌发了下去，而且没有打乱原来的顺序，结果也完全正确。

请问：发牌人想到了什么好办法呢？

084. 怪老头摆棋

公园里有一位老头，经常在吃完饭后就将一张刻有16个小方格的桌子摆在石凳上，桌子上面放有10个棋子。他每天都拿着棋子在桌子上摆来摆去。有人问他在干什么，他说他在尝试用10个棋子摆出最多的偶数行，即横排、竖排和斜排上的棋子都是偶数。这个人稍作思考，几下就排出了16行，并且自称偶数行是最多的。你知道他是怎么摆放棋子的吗？

085.围棋的另类玩法

❓ 按照图示，在标有数字的33个圈中分别摆上32枚围棋子，剩下一个空圈。可以向前后左右四个方向走棋，若一子跳过另一子到达空圈，就表示另一子被吃掉了。最后将所有的子全部吃掉，只剩下一子在最初的空圈中为获胜。要求每步只能吃一子，按照这样的游戏规则，一共需要走31步能完成任务。你知道这31步应该怎样走？

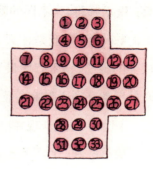

086.摆棋子

❓ 右图有一个棋盘，棋盘上有6枚棋子，现在请你在棋盘上再放8枚棋子，使：

（1）每条横线上和竖线上都有3枚棋子。

（2）9个小方格的边上都有3枚棋子。

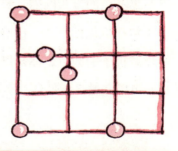

087.5×5棋子阵

❓ 有一个聪明的人出了这样一道题：有一个5×5排列（即横竖都是5枚棋子）的棋子阵，一共25枚棋子。现在再加上5枚，一共有30枚棋子，能不能使这个方阵的横行、竖行、对角都是6枚棋子呢？

088.猜数问题

魔术师将4张不同的牌背面朝上放在桌子上，观众并不知道这4张牌上的4个数字究竟是什么。观众从左到右依次将牌翻开，直到翻开自己认为的牌是这4张牌中最大的一张为止。余下的由魔术师翻开。如果观众最后翻开的这张牌是最大的，就表示观众赢了。

假如一位观众现在已经翻开了两张牌，且第二张牌比第一张牌大，为了取得胜利，他是不是应该继续翻下去呢？

089.移动棋子

图中一共有4×4排棋子，每排棋子都以一黑一白的方式间隔。要求将这16颗棋子重新摆成黑的一排、白的一排，并且不能增减棋子的数目，你知道最少移动几颗棋子可以完成任务吗？

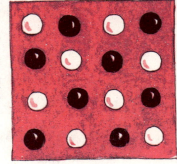

090.变动围棋

将每3颗围棋排成一列，保证横向和斜向的围棋总共有3列（如右图所示）。要求只移动1颗围棋将它变成4列，你能想到几种办法呢？

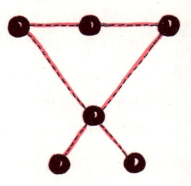

091. 猜扑克

❓ 桌上扣着8张已经编好号的纸牌，各自的位置如右图所示。

在这8张牌中，只有K、Q、J和A这4张牌。其中至少有一张是Q，每张Q都在两张K之间，至少有一张K在两张J之间。没有一张J与Q相邻；其中只有一张A，没有一张K与A相邻，但至少有一张K和另一张K相邻。

你知道这8张扑克牌中哪一张是A吗？

092. 最佳变动方法

❓ 马华的爸爸拿回家来一个形状奇特的棋盘，上面有25个格，其中24个格子里都放有棋子，并且每枚棋子都标有编号（如下图所示）。

现在棋盘上棋子的位置是混乱的，爸爸想按照从小到大的次序将所有的棋子都摆到它原有的位置上，即将棋子1放在16的位置上，棋子2放在11的位置上，棋子3保持原位不动。最下面的空格是作为棋子变动位置时用的，且变动棋子时必须按照"马步"移动。例如，第一步有三种走法：可以把棋子1移到空格，或者把2移到空格，或者把10移到空格。图中有阴影的格子表示棋子已经到位了。

你能用最少的步数完成这个任务吗？和爸爸一起来想一想吧！

093.花样扑克

有一个人非常喜欢玩扑克牌，他总能搞出些新花样来。一天，他在桌子上摆好做了标记的3张扑克，扑克正反两面分别写上"√"或"×"（如下图所示），并声称他只要看了牌朝上的一面后就可以从别人抽出的牌中猜出朝下的一面做的是什么标记，至于牌朝上的是正面还是反面都没有关系。

大家都很感兴趣，想知道他到底有没有这个本事。

你觉得这个人有胜算吗？

094.翻牌

几个人聚在一起玩牌。一个人把牌洗了几遍后，发下4张一面是图形、另一面是花纹的牌。他对在场的人说："这4张牌中，任何一张只要有一面是心形的牌，另一面总是条纹。"

请问：如果要肯定这个人的话是真的，需要翻开哪几张牌？

095.取走的两张牌

在一次棋牌大赛上，按照裁判的要求，甲、乙、丙、丁4人分别从1~9共9张牌中各取走两张牌。甲取走的两张牌之和是10，乙取走的两张牌之差是1，丙取走的两张牌之积是24，丁取走的两张牌之商是3。

你能判断出4人各取走了哪两张牌吗？剩下的1张牌是哪张呢？

三、训练推理力的游戏

1.假设推理

JIASHE TUILI

096.几个天使

一个人死后来到了天国，他在路上遇到了3位美女。

美女甲对他说："乙和丙中至少有一个是天使。"

美女乙对他说："丙和甲中至少有一个是魔鬼。"

美女丙对他说："我会告诉你正确的答案。"

这个人望望这个，望望那个，不知道她们谁是天使，谁是魔鬼。天使常常说真话，魔鬼只说假话。

你能判断出3位美女中至少有几个天使吗？

097.性别判断

甲、乙和丙3个人有不违背伦理的血缘关系。3个人的身份中有甲的父亲、乙唯一的女儿和丙的同胞手足。但是丙的同胞手足既不是甲的父亲也不是乙的女儿。你能从中判断3个人中哪一位与其他两人的性别不同吗？

098.判断男女

? 一家人共有兄弟姐妹七人，七个人关系如下：

（1）甲有三个妹妹；

（2）乙有一个哥哥；

（3）丙是女的，她有两个妹妹；

（4）丁有两个弟弟；

（5）戊有两个姐姐；

（6）己也是女的，但她和庚没有妹妹。

这七个人中谁是男性，谁是女性？

099.动物的数量

? 暑假里，妈妈带着晓晓去动物园玩。他们看了猴子、熊猫和狮子，这3种动物的总数在26只到32只之间。

你能根据下面的情况，判断出这3种动物各自的数量吗？

（1）猴子和狮子的总数大于熊猫的数量。

（2）熊猫和狮子的总数大于猴子总数的两倍。

（3）猴子和熊猫的总数比狮子数量的3倍还多。

（4）熊猫的数量没有狮子数量的两倍那么多。

100.好学的平平

❓ 暑假，平平为自己订了一份计划，就是要学会5种运动，即网球、滑雪、射箭、踢足球、打保龄球。因为每一种运动的难易程度不同，所以他学起来所用的时间也不同，并且从没在同一天里学过两种运动。最后，他只是从12月1日到15日就学会了5种运动。下面是他执行计划的进度：

（1）4日学了打网球，8日学滑雪，12日学射箭。

（2）第三项运动只进行了1天。

（3）第四项运动学的是踢足球。

（4）花3天学的运动项目不是踢足球，也不是打保龄球。

（5）学这5项运动分别花费的天数：只用1天、连续2天、连续3天、连续4天、连续5天。

你能推断出平平每天在学什么运动吗？每项运动的开始学习的日期和结束的日期是多少？

101.寻找鸵鸟蛋

❓ 暑假里，甲、乙、丙、丁4个人约定去海岛上寻找鸵鸟蛋。他们4个人的年龄各不相同（从18岁到21岁），分别去了4个不同的海岛，并且每个人都在岛上发现了鸵鸟蛋（1到3个）。

请你根据下面的条件判断，这4个人各是多大年纪？分别在哪个岛上发现了多少个鸵鸟蛋？

（1）丙18岁。

（2）乙去了A岛。

（3）21岁的男孩发现的鸵鸟蛋比去A岛的男孩少1个。

（4）19岁的男孩发现的鸵鸟蛋比去B岛的男孩少1个。

（5）甲发现的鸵鸟蛋和去C岛的男孩发现的鸵鸟蛋中，有一处是2个。

（6）去D岛的男孩发现的鸵鸟蛋比丁少2个。

102.吃面包

这个星期，从星期一到星期四，爸爸、妈妈一直在外地出差，只留丽丽一个人在家。妈妈临走前，给丽丽买了许多面包。丽丽很听话，这4天每天都吃了1~4个椰蓉面包和1~5个豆沙面包，且每天吃的椰蓉面包和豆沙面包的数量不同。

请你根据下面的情况，算一下丽丽每天各吃了多少个椰蓉面包和豆沙面包。

（1）1天中吃掉的面包总数随着天数的增加而每天增加1个。

（2）星期一吃了3个椰蓉面包，星期二吃了1个椰蓉面包，星期四吃了5个豆沙面包。

（3）4天中吃的每种面包的数量都不一样。

103.开始时的钱数

3位探险家去探险，晚上聚在一起玩儿扑克。

第一局，甲输给了乙和丙，乙、丙的钱数都翻了一倍。第二局，甲

和乙赢了，他们俩的钱都翻了一倍。第三局，甲和丙赢了，甲和丙的钱也都翻了一倍。

这样，这3个人每人都赢了两局、输了一局，最后3个人手中的钱数相同。甲数完自己的钱后，发现自己输了100元。

请问：甲、乙、丙3人开始时各有多少钱？

104.三位系领带的先生

黄先生、蓝先生和白先生是生意场上的朋友，他们约好在餐厅一起吃晚餐谈一笔生意。他们都系着不同颜色的领带。

餐桌上，系蓝领带的先生说："你们注意到没有，虽然我们领带的颜色刚好是我们三个人的姓，但我们当中没有一个人的领带颜色与自己的姓相同。"

"啊！你说得对极了！"黄先生表示赞同。你知道这三位先生各系的是什么颜色的领带吗？

105.婚姻状况

❓ 胡图先生到了一个陌生的国度，了解到这个国家有一个独特的风俗，就是没有结过婚的人从来不说谎话，而结过婚的人绝对不说真话。

一天，胡图先生慕名去看这个国家一个著名的六人舞蹈团表演，这个舞蹈团由两对夫妻和两名单身者组成。演出结束后，胡图先生觉得意犹未尽，就到后台去一睹演员的风采。可胡图先生初来乍到，不太听得懂当地的语言。他先问尼古拉斯先生："请问，罗伯特先生和埃米丽女士是不是一对夫妻？"尼古拉斯先生回答："Yesaihe。"胡图先生又问杰希卡女士："你是否嫁给了尼古拉斯先生？"杰希卡的回答是："Yesaihe。"胡图先生不知道他们说的是什么意思，只好再问爱德华："你和莎拉是夫妻吗？"爱德华说："Nabula。"

胡图先生更糊涂了。你知道"Yesaihe"和"Nabula"到底哪个代表"是"，哪个代表"否"？六位青年男女的婚姻状况究竟是什么样的？

106.妈妈的存款

❓ 妈妈总是将自己的存折藏得很隐蔽。4个孩子对妈妈的存款状况很好奇，聚在一起嘀咕。老大说："妈妈有500元存款。"老二说："妈妈至少有1000元存款。"老三说："妈妈的存款不到2000元。"老四说："妈妈的存折上最少有100元。"

他们4个人之中只有一个人猜对了，请问妈妈到底有多少存款？

107.贫穷骑士的求婚

❓ 在一个古老的城邦里，只有两种男人：骑士和无赖。这里的骑士又有贵族骑士和贫穷骑士之分。骑士只说真话，无赖只说假话。

有一位与众不同的姑娘，她不羡慕贵族骑士的生活，只爱求上进的贫穷骑士。有位男子，只说了一句话就让这位姑娘相信了他是贫穷的骑士。

你知道他说了什么话吗？这位姑娘又是如何判断他是贫穷的骑士的呢？

108. 三个朋友聚会

在印度的某个城市里，住着英国人A、法国人B和荷兰人C。三个人是生意上的伙伴，因为他们的性格不同，所以，做什么都很难达成一致的意见。

一天，他们商量找个地方聚会。A是个爱找麻烦的人，他说晴天或阴天可以聚会，雨天绝对不出去；B是个爱钻牛角尖的人，他说阴天或雨天可以聚会，晴天他不出去；C是个性格开朗的人，他说雨天或者晴天他可以参加，阴天他不喜欢。

如果聚会的日期定在明天，这三个人能聚会得成吗？当然明天的天气是无法预测的。不过印度一般不下雨，并且不管明天是什么天气，这种天气都将持续一天。

109.不实陈述

一位农夫辛辛苦苦将5个儿子抚养成人，可年老时没有一个儿子愿意赡养他。农夫一气之下就将5个不孝的儿子告上了法庭。

法官要求5个儿子分别陈述自己的财产状况，如果确有困难，就可以减免赡养父亲的责任；如果有条件，就要支付赡养费。

老大说："老三说过，我的4个兄弟中，只有一个有钱。"

老二说："老五说过，我的4个兄弟中，至少两个有钱。"

老三说："老四说过，我们兄弟5个都没有什么钱。"

老四说："老大和老二都有钱。"

老五说："老三有钱，另外老大承认过他自己有钱。"

五兄弟互相都知道对方的底细，而且凡是有钱的儿子说的都是假话，没钱的儿子说的才是真话。你能判断出来究竟哪个儿子既有钱，又不尽赡养义务，还在法庭上说谎吗？

110.猜扑克牌

魔术师在舞台上表演节目，他拿出16张扑克牌，分别是：红心A、4、Q；黑桃2、3、4、7、8、J；草花4、5、6、Q、K和方块A、5。然后魔术师叫上两位观众。

魔术师从中抽出一张牌来，把点数告诉观众甲，把花色告诉观众乙，然后问："你们知道这张牌是什么吗？"

观众甲说："我不知道这张牌。"

观众乙说："我知道你不知道这张牌。"

观众甲说："现在我知道这张牌了。"

观众乙说："我也知道了。"

你能从两位观众的话中判断这是一张什么牌吗？

111.是谁点的餐

❓ 6个好朋友一起到西餐厅里吃饭，他们找了一张大桌子坐下，一边坐3个人。服务员拿来菜单，他们6个人点了6样不同的饭。你能根据他们的座位和点餐情况，猜猜是谁点了可乐、三明治和土豆片吗？

（1）小强坐在小明旁边。

（2）小明坐在与小梅相邻的男孩对面。

（3）小虹坐在玲玲的对面，小虹点了可乐、汉堡和炸鱼。

（4）点了牛奶和热狗的男孩坐在小梅的对面。

（5）坐在小虹和成成中间的女孩点了色拉、夹心面包片和洋葱卷。

（6）成成没有点色拉、炸鸡和炸鱼。

（7）点了色拉、炸鸡和炸鱼的女孩坐在小虹对面。

（8）坐在小强旁边的女孩点了可乐和土司色拉。

2.疑案分析

YIAN FENXI

112.雪地上的脚印

? 严冬的早晨，下起了鹅毛大雪，积雪厚达30厘米。一个罪犯在自己家中将人杀死后，穿过一片空地，将尸体扛到附近一幢正在建造中的空房内。然后他顺原路返回家中，拨通了报警电话，对警察谎称发现有人被害了。

警察赶到现场后，看到罪犯往返现场时留在雪地上的脚印，便拿出手铐戴在报警人的手上，说："你在说谎，凶手就是你！"

你知道警察是怎么判断出来的吗？

113.电话求救

亨利在皇家大酒店里参加完记者招待会，正要出门，突然被一个歹徒挟持到一边。歹徒用刀威胁亨利给家里报平安，亨利开始有点慌乱，但很快就镇静下来，他双手拿着话筒，机敏地对着电话说：

"亲爱的，你好吗？我是亨利，昨晚不舒服，不能陪你去夜总会，现在好多了，多亏皇家大酒店经理上月送的特效药。亲爱的，不要和我这样的'坏人'生气，我们会永远在一起的，请你原谅我的失约，我的病不是很快就好了吗？今晚赶来家里时再向你道歉，可别生我的气呀！好吧，再见！"

5分钟后，警察突然出现在歹徒的面前。你知道亨利是怎么成功报案的吗？

114.5秒钟难题

❓ 星期天，甲和乙相约一起去探望住在郊区的金太太。来到金太太的别墅前，他们刚要按门铃，却发现门是虚掩着的。他们感到很奇怪，就推门进去，一楼餐厅里赫然躺着金太太的尸体。

从尸体判断，金太太是在用餐的时候遭到突然袭击的。一柄尖刀插在她的胸口上，血迹已经干了，看来她已经遇害十多天了。整幢别墅被凶手洗劫一空。

甲和乙二人连忙打了报警电话，然后无力地坐在别墅前的台阶上，突然注意到送来的报纸堆满了整级台阶，台阶下还放着两瓶早已过期的牛奶，都是金太太定的。甲的心思很敏锐，仅仅想了5秒钟就知道了是谁杀死了金太太。你知道凶手是谁吗？

115.音乐会上的阴谋

一位著名的小提琴演奏家今晚要登台演奏，他希望在这次演奏会上将自己的一位得意门生推荐给观众。不过，两个徒弟都很优秀，他左右为难。开幕前15分钟，他告诉A准备出场。B知道老师的决定后，感到很失落。

10分钟之后，小提琴演奏家去化妆间叫A出场，却发现A的头部中弹，倒在了血泊里。他慌忙报警。警察见开场时间已到，就劝他先别声张，继续进行演出。

小提琴演奏家通知B登台演出，B没有询问情由，便拉拉领带，拿起琴和弓随老师登台了。

当听众正如痴如醉地沉浸在优美的音乐中时，警察突然上台逮捕了这位刚刚崭露头角的小提琴手B。

警察为什么要逮捕B呢？

116. 正确的车牌号码

午夜，一位出租车司机正开着车寻找客人，突然从后视镜中看见一个人被一辆疾驰而过的豪华跑车撞飞。跑车司机略一迟疑，便猛踩油门逃离了事故现场。

出租车司机连忙打电话报警，并且告诉警察他记下的车牌号码"18UA01"。警方立刻组织人手调查牌号为18UA01的车主。奇怪的是，这是一辆巨大的载重货车，而且有人证明，发生事故的时候它正在百里以外的地方运货。

出租车司机坚持说自己没有看错，可警方的调查又该如何解释呢？到底谁是真正的肇事者呢？

117. 左撇子自杀案

一名医生死在家中，他的左手握着一支手枪。从表面上看，好像死于自杀。

警方展开调查，发现当天有两个人来拜访过医生。一个是死者妻子的旧情人，3年前出国了，两天前才返回此地。另一个访客是一名医生，他声称死者剽窃了他的科研成果，所以来讨个公道。两个人都与死者有过节。不过，死者也不是没有自杀的动机。死者的妻子告诉警方，丈夫是个左撇子，两个月前生病后留下后遗症，左手麻木，不能再拿手术刀，这使他十分沮丧。

最后，警方确定凶手就在两名访客中。你能判断出是谁吗？

118.谁是绑架犯

? 某位董事长的儿子被绑架了，绑架犯向他勒索10万美元赎金。他在电话里说："你准备1000张旧的百元纸币，用普通报纸包好，明天上午邮到查尔顿市白星街2号，西尔·卡塞收。如果你要调查地址或者报警的话，当心孩子的性命！"

董事长不想让孩子受到伤害，只得委托私家侦探调查这件事。私家侦探乔装成百科辞典的推销员，到凶犯提到的地址去调查，发现城市是真的，而地址和人名全是假的。

难道绑架犯不想拿到赎金吗？绝对不可能。侦探灵机一动，一下子想通了绑架犯的真实面目。

你知道绑架犯是谁吗？

119.办公室盗窃案

? 有三间连在一起的办公室，连接它们的两扇门上安的都是毛玻璃（一面光滑一面粗糙的玻璃）。一天，中间的办公室里负责出纳的人去厕所，回来后就发现保险柜中的现金少了一部分。原来他锁上了保险柜，却忘了拿走钥匙。

毫无疑问，犯罪嫌疑人一定是旁边两间办公室里的人。

侦探仔细地看了看两块毛玻璃，发现左边的毛玻璃的光滑面不在出纳的办公室这一边，而右边玻璃的光滑一面则在出纳办公室这一边，于是侦探马上知道作案人在右侧办公室。

你知道侦探的根据是什么吗？

120.遗嘱仍然有效

作曲家简和音乐家库尔是一对盲友。简病危时，他请库尔做见证人立下一份遗嘱，将自己大部分财产捐给福利机构。他让妻子拿来笔和纸以及个人签章，自己在床头摸索着写好遗嘱，然后亲手将遗嘱装到信封里密封好，郑重地交给库尔。库尔接过遗嘱，立即将遗嘱送到银行的保险箱里封存起来。

一周后，简去世了。在简的葬礼上，库尔拿出这份遗嘱交到福利机构的公证人手中，但当公证人从信封中拿出遗嘱时，发现遗嘱竟然是一张白纸！

所有的人都呆住了，库尔更是怎么也不敢相信眼前的事。这时，来参加葬礼的探长看了看遗嘱，又在四周观察了一下，坚持认定遗嘱有效。在场的人都十分不解，探长为什么这么肯定呢？

121. 作案的时间

? 警方在案发现场发现一堆支离破碎的手表残留物，除此之外再也找不到更多的线索了。手表的长针和短针正指着某个刻度，而长针恰恰比短针的位置超前1分钟。有人从中马上推断出了凶手作案的时间。你知道作案时间是几时几分吗？

122. 寻找偷马贼

? 农场里的一匹名种马驹被人偷走了。警方将犯罪嫌疑人锁定在住在近郊的一个农夫的身上。警察向农夫盘问行踪，农夫说："你们怎么会怀疑到我身上呢？当天晚上，我喂养的骡子生产，所以我整夜守护着它。可惜由于早产，第二天早上母子都死了。"

"你有没有公骡子呢？"

"有。我用公骡子和母骡子交配，希望能产下骡驹，可是没有成功。"

警察一听就把农夫逮捕了。你知道为什么吗？

123. 回忆找凶手

? 1953年3月7日，一名记者发现有人被杀死在酒吧外的敞篷车上。可人们认为他是最大的嫌疑犯，并将他扭送到警察局。

警长让他尽可能地回忆一下事发经过。

他沮丧地说："我正在酒吧里喝酒，忽然看见税务局的这辆车停在外面，因为我跟税务官很熟，就出去跟他打招呼。他侧坐在方向盘前，等我将他扳过来一看，才发现他胸口满是鲜血。我当时被吓得魂飞魄散。这时，酒吧老板跑过来，揪住我喊：'你刺死了他，你刺死了他！'于是我就被送到这里来了。"

警长点点头，说："好！你的回忆帮我找到了真凶！"

你知道警长说的真凶是谁吗？

124.博士遭劫案

一天晚上，一个博士打猎后驱车回家，突然看见前面有一辆小车挡在路中间。他猛地一踩刹车，只听车底撒气的声音。这时，从小车里跳出4个戴面具的人，他们把博士带的钱抢劫一空后，开着小车逃走了。

博士无可奈何地望着轮胎下面的尖钉子，叹了口气。他跌跌撞撞地走了大约有一英里路，来到一个农场主家门口，敲开门，对主人说："我刚才在路边被人打劫了，我需要两个轮胎，你能帮帮忙吗？"

"进来吧，"农场主说，"我打电话报警，你随便坐坐。"

农场主走到另一间屋子打电话。博士听见他先打电话报警，然后又拨通了一家修车铺的电话要轮胎。

一个小时后，警察赶到了，博士向警察讲述了事情的经过。他的车子也换上了修车铺根据农场主电话里的要求送来的轮胎。

突然，警察拿出手铐给农场主戴上，指控他参与了这次抢劫案。

你知道警察是怎样判断的吗？

125.谁是肇事者

❓ 一位老大娘被自行车撞倒，地上流了一摊血。交警赶过来时，肇事者早就逃之夭夭了。

细心的交警发现血上有肇事者骑自行车碾过的痕迹，并且附近也没有岔路，于是赶紧用对讲机让下一个路口的交警拦住所有骑自行车经过的人。

交警让人帮忙将大娘送往医院后，便赶到下一个路口。因为几个小时前刚下过一场大雨，现在天放晴了，可仍有一小段路十分泥泞。交警走过这段泥泞的路，赶到下一个路口时，已有十多辆自行车被拦在那里。这名交警一一观察了这十几辆车子，很快指出了肇事者。

你知道交警是怎样找出肇事者的吗？

126.谁害死了贾斯

❓ 古时候，苏州有个商人名叫贾斯，经常外出去做生意。一天晚上，他雇了一条小船，和船夫约好第二天在城外寒山寺上船出行。

第二天，天还未亮，贾斯便带着很多银子离家去寒山寺。当日光已照在东窗上时，贾斯的妻子听到急促的敲门声。有人喊："贾大嫂，贾大嫂，快开门！"贾斯的妻子打开门，见是一个船夫。船夫问她："大嫂，天不早了，贾老板怎么还不上船啊？"

贾斯的妻子一下子慌了，连忙随船夫来到寒山寺河边，只见小船停在河边，不见贾斯的踪影。贾斯的妻子到县衙门去报案。县令听了她的诉说后，便断定杀害贾斯的人正是船夫。

聪明的读者，你知道县官是怎么推断出来的吗？

127.找破绽

❓ 警方接到报案，在桥边捞起一具年轻女子的尸体，他们向一个当时划着小木船经过的男子询问情况。那名男子回答说："女子跳水前我正全速划向桥边，我亲眼看到她在桥上摘下帽子后往下跳。"有着丰富的办案经验的刑警立即察觉到男子供词中的破绽。你听出破绽来了吗？

128.县令巧断案

❓ 三国时，蜀国有一个县令是破案的高手。

一天，一名心肠狠毒的女人先杀了自己的丈夫，随后放火焚烧了房屋，对人称丈夫是被大火烧死的。

后来，婆家人将那名女子告上官府，可她拒不认账。高明的县令想出一计，命手下人找来两只羊，很快就破了这个案子。

你知道县令有什么锦囊妙计吗？

129.杀人浴缸

一天，探长亨特打电话给自己的老朋友——富豪布莱克，告诉他自己要去探望他，大约半个小时后到。

亨特按约定准时到达，可他在客厅里等了5分钟，还不见布莱克出来。

管家说："老爷进去洗澡已经半个多小时了，会不会……"

亨特探长打开浴室的门，发现布莱克先生已经死了。死亡时间大概在半小时前。奇怪的是，他的肺部残留有大量的海水。也就是说，布莱克是被海水淹死的。

除了亨特，下午并没有其他人来过，所以只有管家一个人有作案时间。但是这座宅子距海边有数百公里远，管家不可能在30分钟内把布莱克带到海边溺死，再把尸体带回来。

你知道管家使用的作案手段是什么吗？

130.不设防的财务室

一天，警察接到某家企业财务人员的报案，说是财务室的保险柜被盗，丢失了大量的现金。

警察随企业的工作人员来到财务室，发现保险柜的门被打开了，并且有明显的铁器撬砸过的痕迹。奇怪的是，房屋的门窗都锁着，铁制挂锁也完好无损。

警察问财务人员："门是你打开的吗？"

"是的。我每天早晨总是第一个来，打开锁，然后把钥匙拔下来带在身边，再把打开的锁挂在门环上，为了方便下班后可以直接把锁锁上，不用费事再开一次了。"

"这把锁就一把钥匙吗？"

"对，钥匙多了不安全，所以我把备用的钥匙销毁了。"

"这么说来，其他人没有机会弄到钥匙了。"

请问：如果不是财务人员监守自盗，那么罪犯可能采取什么样的作案手段呢？

四、增进创新力的游戏

1.灵机一动

LINGJI YIDONG

131.同一款服装

❓ 名模王小姐每次出门都要精心打扮一番。她明明穿的是尚未发布的新款服装，可有人竟然和她穿了一件一模一样的衣服，这是怎么回事？

132.最快的办法

❓ 老师把两种透明而又不相混的无色液体同装在一个烧瓶里，问学生："已知其中的一种是水，但不知道在哪一层，你们谁能想一个最简便的方法分辨出来？"

133.闹钟没有错

❓ 小徐的爸爸喜欢收藏一些稀奇古怪的东西。有一次，小徐进爸爸的书房，看见桌子上的时钟显示12时11分。20分钟后，他又到爸爸的书房去，却看到那个时钟现在显示的是11时51分。他觉得很奇怪，在40分钟后又去看了一次钟，发现时钟显示的是12时51分。这段时间并没有人去碰过时钟。为什么爸爸会用这样的一个钟看时间呢？

开发大脑的经典思维游戏

134.下坡推车走

? 阿智骑自行车去半山坡上的商店买东西。按理说，回程骑下坡路应该更轻松，但阿智却下来推车走。这既不是因为他买的东西太重，也不是因为他身体有异，自行车仍和他到店里的时候一样。这到底是怎么回事？

135.不会模仿的动作

? 动物园里，有一只猴子特别喜欢模仿人的动作。人们看它的姿势、手势，就可以知道自己的情状。比如，你用右手摸自己的下巴，猴子也会用右手摸下巴；你闭上左眼，猴子也会闭上左眼；你再睁开左眼，猴子也能立刻照办。

可驯养员说："猴子再有本事，有一个简单的动作它却永远也不会模仿。"请问，到底是什么动作那么难呢？

136.邀请邻居

? A先生与B先生的家均位于新建的住宅区，相距只有100米。这个住宅区除这两家外，暂时还没有其他住户，这里也没有安装电话。现在A先生想邀请B先生来家里玩，在不去B先生家的情况下，用什么方法能最早通知B先生？假设A先生身边有10张画图纸、荧光笔、胶带与放大镜。

137.热水不见了

住在深山里的小静想吃速食面，她先把锅放到炉子上烧开水，这才发现面都吃完了，只好急匆匆到山下的超市去买。半个钟头后她回到家，把锅从火炉上拿下来。奇怪的是，热水一滴也没有了。她很生气地问："是谁把热水用完了？"可是大家确实都没有用热水。这是怎么回事？

138.戒指掉哪儿了

在刚度完蜜月回来的新婚夫妇的房间里，竟发生了一件奇怪的事。

太太说："亲爱的，你送我的钻戒掉到红茶里去了。"

丈夫说："没关系，我用汤匙把它舀起来。"

钻戒又戴回到妻子的手指上，可是钻戒竟然没有一点湿的痕迹。这究竟是怎么回事？

139.锁小艇

3位航海爱好者共有一艘小艇。他们想保证每个人可以随时取用小艇，而又不让小艇被别人偷走，所以他们用3把锁和一条铁链把小艇锁在岸边。每人只有一把钥匙，但都能用自己的钥匙把锁打开，而用不着等另外两个人带着他们的钥匙开锁。

应该怎样安排呢？

140.小李在做的事

小李自言自语："我现在正在做一件事，右手和左手的工作量的比例为3：1。右手的工作量的比例再也不能增加。相反，如果增加左手的工作量，会因工作方式而使工作量的比例变化，有时候甚至会变成1：3。这个时候，也就再也不能增加左手的工作量。"小李到底在做什么事呢？

141.最笨的做法

❓ A先生在出差时接到太太打来的电话："老公，你把家里的信箱钥匙带走了。"察觉自己把信箱钥匙带在身边的A先生，立刻以限时速递将钥匙寄回家。

一个人知道后说："真笨啊！"请问这个人为什么这么说呢？

142.演员的影像

❓ 当你对着镜子时，照出来的不一定是你的真实相貌。一个人站在两块相对摆放着的立镜中间，就会照出一连串的影像。

假设有一间小屋，屋内上下、左右、前后都铺满了镜子，没有任何缝隙。请问：当有个演员走进这间屋子时，她能看到什么呢？

143.不用上保险的名画

❓ 有一个美术馆，专门收藏世界名画，因此美术馆为每张画都投了一份巨额保险。可只有一幅画例外，那是一位非常有名的画家画的一幅画，也是美术馆数一数二的热门展品。为什么没有给它投保呢？

144.志刚勇敢吗

❓ 志刚总是向人吹嘘他很勇敢。有一次，他和许多人一起搭乘某种交通工具，周围的人都问志刚："你真的像你自己说的那么勇敢吗？"志刚拍拍胸脯说："当然！"

一会儿，其他人都在途中一个个跳下去了，只有志刚和另外一个人一直撑到最后。后来志刚被人嘲笑："你真是不太勇敢哦！"你知道志刚乘坐的是什么交通工具吗？

145.丢了多少钱

❓ 今天早上小伟丢了19元钱，又捡到8元钱，问今天小伟丢了多少钱？

146.老人梳头

❓ 一位老人头顶上只剩下3根头发。有一天，他要去参加一个重要的宴会，为什么他要忍痛拔掉一根头发呢？

147.分罐头

❓ 兄弟3人要分吃水果罐头。罐头净重为320克，他们嫌等分为3份太麻烦，于是老大和老二就各先吃掉100克，把剩下的120克留给小弟。小弟却突然气得直跳脚。这究竟是怎么回事呢？

2.趣摆火柴

QUBAI HUOCHAI

148.取出樱桃

? 右图中有一个用火柴棒拼成的杯子，杯子内放着一颗晶莹剔透的樱桃。如果你想吃到这颗樱桃，只需移两根火柴，就能把樱桃从杯子中取出来。你知道应该怎么移吗？

149.改变楼高

? 右图中是一栋一层楼高的房子，如果要建成两层高的楼，至少需要移几根火柴呢？

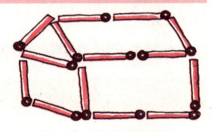

150.变换房屋的方向

? 请移动一根火柴，使右图这栋朝南的房屋变成朝东的。

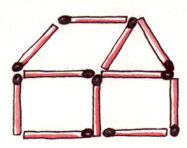

151.添一根火柴

如右图所示，将火柴摆成"V"字形。请你再添一根火柴表示数字1。

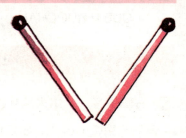

152.农场主分地

有一位农场主，世代经营一个农场，土地状况如右图所示。一年年过去，转眼农场主的3个儿子都长大成人了，他决定把农场分成面积、形状相同的3份交给3个儿子经营。

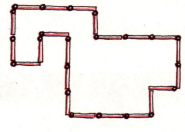

你知道需要增加几根火柴才能摆出农场主想要的分地的示意图吗？

153.把"E"变小

右图是用火柴摆成的英文字母"E"。据说只要增加一根火柴就可以把字母"E"变小，你知道应该怎么做吗？

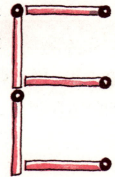

154.火柴分隔图形

❓ 右图用火柴摆成的三角形的边长分别是2根、3根、4根火柴的长度，要求不能折断火柴，另拿两根火柴将这个三角形分成两个面积相等的图形。你知道应该怎样摆放这两根火柴吗？

155.变正方形

❓ 右图中是用火柴摆成的正方形，请你略作改动，完成下面的要求：

（1）请你只移动两根火柴，使图中的正方形的数目增加两个。

（2）又移动一根火柴，再增加两个正方形。

156.向反方向游

❓ 下图中是用火柴摆成的一条正在悠闲地游水的小鱼，能不能只移动3根火柴，就使这条鱼向着相反的方向游去？

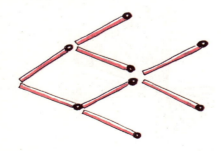

157.左顾右盼的小猪

❓ 下图中是一头正在向左看的小猪。请想出两种办法只移动两根火柴，使这头小猪向右看。

158.大小长颈鹿

❓ 星期天的早上，肖鸿非要缠着爸爸带他去动物园。爸爸说："可以，如果你能用火柴摆出两头长颈鹿来，我就带你去。"说完，爸爸从火柴盒里倒出17根火柴棒。没用多长时间肖鸿就摆出一头长颈鹿。爸爸让肖鸿移动其中两根火柴，再多增加一头小长颈鹿，这下肖鸿可为难了，快来帮帮他吧！

159.8根火柴棒

❓ 用8根火柴棒，你能拼成2个正方形和4个三角形吗？

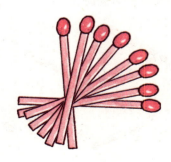

160.变三角形

❓ 下图是用9根火柴拼成的3个三角形，现在请你移动3根火柴，摆出5个三角形来。

161.等分三角形

❓ 请你先用12根火柴摆成一个三条边长分别是3、4、5的直角三角形。然后再用4根火柴把直角三角形分成面积相等的3部分。

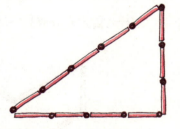

162.火柴头朝上

❓ 下图中排成一行的9根火柴，只有1根火柴头朝上，其余8根火柴头朝下。要求每次任意调换6根，到第四次时将所有头向下的火柴全都调成火柴头朝上。你知道怎么调吗？

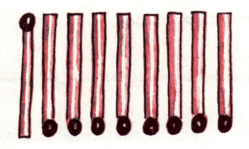

163.移动3根火柴

❓ 右图中的3个三角形是用9根火柴组成的。现在请你移动其中3根火柴，分别把它变成由5个、6个、7个、8个三角形构成的4种不同的图形。

164.相同的图形

❓ 下面是用18根同样长度的火柴摆成的图形。现在如果用同样长度的火柴，怎样才能把它分成3个形状、大小相同的图形呢？用几根火柴都可以。

165.巧变正方形

❓ 下图是16根火柴摆成的5个正方形，请移动两根火柴变成4个正方形。

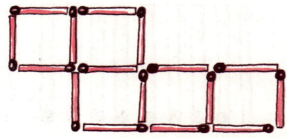

166.巧妙移动

❓ 下图是用12根火柴摆成的5个正方形，请你移动3根火柴把正方形的数目变成3个。

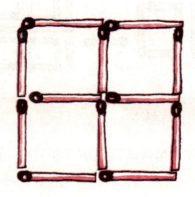

167.保持图形的面积

❓ 下图是用20根火柴摆成的两个图形，大图形用14根火柴，小图形用6根火柴。大图形的面积是小图形的3倍。要求从大图形中移出2根火柴放到小图形中，然后各自调整图形的形状，使新组成的两个图形面积仍是3：1。应该怎么调整呢？

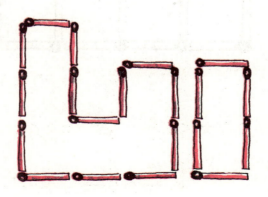

❓ 请在下图中增加一根火柴，使式子成立。

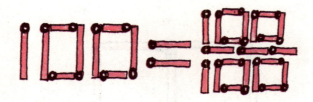

❓ 下图中的汽车是用火柴拼成的，为6个正方形。若拿走其中的两根火柴，很容易使它变为5个正方形。但若想在此基础上移动两根火柴使它变成4个正方形，最初拿走的两根火柴就很关键。请你根据给出的条件判断，一开始拿走哪两根火柴比较好？

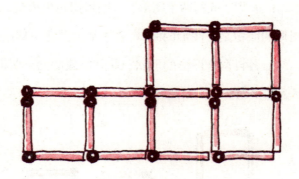

五、加强判断力的游戏

1.直觉判断
ZHIJUE PANDUAN

170.分辨真花和假花

? 一个小村庄里，有一对靠养蜂为生的兄妹，兄妹俩感情非常好。一天，妹妹拿来两朵一模一样的花给哥哥看，她让哥哥分辨哪朵是真花、哪朵是假花。要求哥哥只能远远地看，不能用手去摸，更不能闻。

如果是你，你会怎么办？

171.冷得快的牛奶

? 自然课上，老师提出了这样一个问题：在同样的条件下，将两杯不同温度的牛奶一同放入冰箱里，温度高的牛奶与温度低的牛奶哪个冷得快？

172.真假古铜镜

? 爷爷非常喜欢收藏古玩，他闲着的时候就会到旧货市场上转转。一天，他在护国寺前看见一个小伙子拿着一面古铜镜叫卖，就走了过去。他拿起古铜镜仔细观察，发现上面铸有"公元前四十二年造"的字样。

爷爷没问价钱就走了，他不用请专家鉴定就知道这面古铜镜是假的。你知道这是为什么吗？

开发大脑的经典思维游戏

173.荒谬的法令

古时候，一个国王非常赞成一夫多妻制，就颁布了这样一条法令：女人只要第一胎生的是男婴，就不能再生第二胎。按照这条法令，有些家庭就会有几个女孩和一个男孩，但是任何家庭都不会有一个以上的男孩。国王认为，如果坚决执行这条法令，用不了多久女性人口比例就会大大超过男性人口。

你认为这条法令可以实现他的初衷吗？

174.哪个世纪

我们知道，一个世纪是100年，1999年是20世纪，那么2000年6月1日属于哪个世纪？

175.环球旅行

两个好朋友一直有自己开飞机环游世界的梦想。他们设想从北京出发，最后再回到北京。一个人说："我向北方飞行，只要保持方向不变，就一定能飞回北京。"另一个人说："我向南方飞行，只要保持方向不变，也一定能飞回北京。"

你觉得他们的说法有道理吗？

176. 潮水何时淹没绳结

? 钱塘江涨潮时，场面非常壮观，观潮的人络绎不绝。七月的一天，正是潮水上涨的时候。在距钱塘江岸边不远的地方停泊着一只船，船上挂着一根打了结的绳子，结与结之间间隔25厘米，最下面一个绳结刚好接触到水面。

潮水以每小时20厘米的速度上涨，经过多长时间潮水可以淹没第四个绳结？

177. 哥伦布航海

? 哥伦布冒险航海环绕地球时，最先到达的地方是现在的哪里？

A 美国东北部；　　B 中美洲群岛；　　C 巴西；

D 非洲好望角；　　E 以上皆不是。

178. 哪只狗流汗多

? 某地举行警犬大赛，其中一个比赛项目是赛跑。一只长毛狗跑得快，一只短毛狗跑得慢。请问：这两只狗跑到终点时，哪只狗流汗更多？

179.山羊吃白菜

? 农夫每天都要给自家的山羊拿些白菜吃。如果3只山羊在6分钟内吃掉3棵大白菜,那么一只半山羊吃掉一棵半白菜需要多长时间?

180.房子在哪里

? 一个人刚到一个地方,他围着房子走了一圈,想确定东、南、西、北。可是他发现四周的方向都是一样的。这所房子坐落在哪里呢?

181.假币的损失

❓ 一天，一位顾客走进一家小店，拿一张百元钞票买了25元的商品。店老板手头的钱不够找零，就拿这张百元钞票到隔壁朋友处换了100元零钱，回来后找了顾客75元零钱。

过了一会儿，朋友找到商店老板，说他刚才拿来换零钱的百元钞票是假钞。商店老板仔细看了看，发现果然是假钞，无话可说，只好又拿了一张百元真币给朋友。

你知道店老板一共损失了多少财物吗?

182.猜猜熊的颜色（1）

❓ 一只可爱的小熊先朝南走了一里路，又向东走了一里路，然后再向北走了一里路，最后竟然回到了它出发的起点。你知道这只小熊是什么颜色的吗?

183.猜猜熊的颜色（2）

❓ 一只小熊在路上闲逛，不小心落入一口深为20米的井中。仅仅两秒钟它就从井口跌到了井底。你知道这只小熊是什么颜色的吗?

184. 寒间还是暖间

有一家旅馆，为了满足不同旅客的需求，特别设计了"暖间"和"寒间"，这两种房间的温度不同。下图中的3栋房子是旅馆的示意图，每栋房子各有两个互相连通的房间，共有6个房间，每一间都有自己的入口。

如果旅客选择了"暖间"，他隔壁的房间是"暖间"还是"寒间"的可能性大？

185. 后天是星期几

今天的前5天正好是星期六的前3天，那么后天是星期几？

2.思维陷阱

SIWEI XIANJING

186.数字间的规律

❓ 在下图3列数字中，每一组数字都有一个相同的规律。请你拓展思维，猜一猜这3组数字间有什么关系。

（1 3 7 8）

（2 4 6）

（5 9）

187.买鸡赚了多少

❓ 一个人到市场上买了很多年货，最后他想起过年餐桌上少不了鸡，就花8元钱买了一只鸡。买完后他到别的摊位去看，发现不划算，就以9元钱的价格把鸡卖了。卖掉之后他突然又觉得还是想吃鸡，于是又花10元把卖掉的鸡买了回来。

等他拿着一大堆年货回到家，老婆已经买好了鸡，于是他又以11元的价钱把鸡卖掉了。在这个过程中，这个人赚了多少钱？

188.简单的糊涂账

❓ 有一个非常小气的人，做什么事都斤斤计较。

有一次，他去饭店吃饭，花1元钱点了一碗清汤面。面端上来了，他又要服务员给他换一碗西红柿鸡蛋面。服务员说："西红柿鸡蛋面是两元钱一碗，请您先把钱付清。"

小气鬼明知故问："我刚才不是已经付过了吗？"服务员耐心地回答："刚才您付了1元钱，但西红柿鸡蛋面是2元钱，还差1元没有付清。"小气鬼说："我刚才明明付了1元钱，现在又把值1元钱的面还给了你，钱不是正好吗？"服务员说："那碗面本来就是店里的呀！"小气鬼说："对呀，我不是还给你了吗？"服务员被弄得一头雾水。

你知道这笔账该怎么算吗？

189.赚了还是亏了

❓ 学校快开学了，妈妈给阿甘两张50元的钞票，让他去商店里买文具。他一共买了10元钱的橡皮擦、10元钱的铅笔、3张5元钱一张的纸。付完账，老板找了阿甘65元钱。

你知道阿甘是多赚了钱呢，还是被坑了钱呢？

190.奇妙的数字

数学是科学王国的一颗明珠。有这样一个奇妙的数，将它乘以5后加6，得出的和再乘以4后加9，然后再乘以5得出的结果减去165，遮住最终结果的最后两位数就能得到最初的数。

你知道这个数是多少吗？

$$[(?×5+6)×4+9]×5-165=?$$

191.泄密年龄的公式

一位神奇的魔术师声称他拥有一个带魔力的公式，只要女士把自己的出生日期和年龄带入这个公式的相应位置，魔术师就能知道这个人的年纪，这对于想要保密年龄的大龄女士来说是一个坏消息。

这个公式是：

[（出生月日）×10+20]×10+165+（你的年龄）＝？

不信，你来试一试，在不让魔术师看到的情况下，把你的出生日期和年龄对号入座，然后将最后的数字告诉魔术师，魔术师就能说出你的年龄。

192.白猫的噩梦

　　一只白猫在主人家生活得非常惬意，每天不用去捉老鼠，就有鲜美的鱼入口。可是，有一天，它却做了这样一个梦：它被13只老鼠（12只黑老鼠，1只白老鼠）团团围住，13只老鼠吱吱地一起朝它吼叫："大笨猫，凭你的本事可以吃掉我们吗？"白猫不服地说："虽然我久未捕鼠，对付你们几个还是不成问题的！"领头的大老鼠说："有本事你就顺一个方向每数到第13只就把这只老鼠吃掉，而最后被吃掉的老鼠一定要是那只白色的老鼠。"听到这么离奇的要求，白猫一下子从梦中醒了过来。

　　如果白猫想吃到这顿"大餐"，应该从哪一只老鼠数起呢？

193.怎么样做才公平

❓ 3名学生参加了学校组织的野外训练营。第一天中午吃饭时，李梅拿出5个面包，王强拿出3个面包。张伟没有带面包，想与李梅和王强一起分吃面包，并表示愿意按照面包的价格付钱，得到李梅、王强的同意。于是3人平分了所有的面包。

吃完后，张伟一共给李梅、王强8角钱。王强认为该给李梅5角钱，但李梅认为她应该得到7角钱，王强只该得1角钱才公平。你认为李梅的观点对吗？

194.翻墙的蜗牛

❓ 一只蜗牛和壁虎打赌，说自己肯定能翻过一堵20米高的墙。蜗牛每天白天能向上爬3米，但是在晚上睡觉时会向下滑2米。

如果蜗牛从一边的墙脚出发，要几天才能翻过这堵墙，到达另一边的墙脚？

195.蛀虫咬了多长

❓ 爸爸的书架上摆着很多书，因为很长时间没人翻阅，都落上了灰尘。书架最上面一层摆着一套四卷本的百科全书，按照从一卷到四卷的顺序从左向右排列。每一卷内页的总厚度为5厘米，封面和封底的厚度各为0.5厘米。

有一只蛀虫，从第一卷第一页开始咬起，一直咬到第四卷的最后一页。请问：这只蛀虫总共咬了多长的距离？

196.跑步超越

❓ 某运动员正在参加万米赛跑，到第五圈时，他终于超过了第二位的选手。

那么这名运动员现在处于第几位？请在1秒钟之内回答。

197.吃馒头协议

妈妈上班前蒸了一屉馒头放在桌子上。三兄弟放学回到家里，都感觉饥肠辘辘，看见桌子上的馒头，也没看馒头的数量，商量了一下就吃了起来。三个人吃了同样多的馒头，最后剩下一个馒头，哥哥把它吃了，即哥哥比两个弟弟多吃了一个馒头。可三兄弟却异口同声地说："因为我们事先达成了考虑到每一个人利益的协议，所以这样很公平。"

他们在开始吃馒头之前并没有确定谁吃最后一个，而且过去或未来的事情对他们的分配也没有影响。三兄弟达成了什么样的协议呢？

198.糖果包装的价格

糖果店考虑到过年时顾客有将糖果馈赠亲友的需要，特意为一个比较畅销的糖果品牌设计了漂亮的包装。这种糖果连同包装一共售价25元，顾客还可以买散装的糖果。如果糖果的价钱比包装贵20元，那么包装的价钱是多少？

199.乌龟和青蛙赛跑

❓ 乌龟和青蛙进行100米比赛。结果，乌龟以3米的微弱优势取胜。乌龟到达终点时，青蛙才跑了97米。

青蛙很不服气，要求再比一次。这一次乌龟从起点线后3米开始起跑。假设第二次比赛它们的速度保持不变，谁会赢得胜利？

200.爬楼梯比赛

❓ 爬楼梯是很好的健身方式。体育课上，老师组织同学们比赛爬楼梯。两个人一组，第一组是甲和乙比赛，甲的速度是乙速度的两倍。你知道当甲爬到第九层时，乙爬到了第几层？

201.分苹果

❓ 一家有兄弟姐妹3人（甲、乙、丙）。一天午饭后，甲洗了4个苹果放在桌子上。如果每人分1个还剩1个。甲说："我们用抛硬币的方式来决定吧。我们抛两枚硬币，如果落下后两枚都是正面就让乙吃；两枚都是反面就让丙吃；一个是正面，一个是反面，苹果归我吃。你们看怎么样？"乙、丙很聪明，马上就猜到了甲的心思，都说："这样分配不公平。"

你知道乙、丙为什么这么说吗？

202.骆驼的嘶鸣声

❓ 一个商人准备带着骆驼队穿过沙漠，去另一个城市贩卖茶叶。他准备将体弱的骆驼安排在队伍中间，强壮的骆驼安排在队伍的前面和后面。为了便于区分这些骆驼，他决定在骆驼背上打上1、2、3这样的烙印。

因为每次把烙铁烧红需要5分钟，所以骆驼每隔5分钟都会痛苦地嘶鸣一声。商人的骆驼队一共有10只骆驼，请问：所有的骆驼的嘶鸣结束要用多长时间？

203.一年内吃4种水果

❓ 一位农科院的老师下乡去办园艺讲座，他对听课的农民说："桃子、栗子要3年才能成熟，柿子要8年、苹果要15年才能结出果实，因此，如果各位现在开始在家里培育种子，从第15年开始，每一年就可以同时吃到4种水果了。"有一个农民听了哈哈大笑，你知道为什么吗？

六、拓展想象力的游戏

1.答疑释问

DAYI SHIWEN

204.坐座位

❓ 小鸣家宴请亲朋好友，A~F6个亲戚围坐在一个六边形的桌子旁（如下图所示）。

图中已经固定好了A和B的位置，请根据下面的提示依次把其他的空位填满。

（1）A坐在B右手隔一个空位的位子。

（2）C坐在D的正对面。

（3）E坐在F左手边隔一个空位的位置。

请问：如果F没有坐在D的隔壁，A的右边会是谁呢？

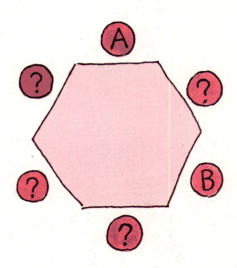

205.过了多久

❓ 妈妈在厨房里蒸包子，要小明帮忙看一下开始蒸的时间。小明在同一时间看了两只手表，然后把时间告诉给妈妈。

后来他才发现有一只手表每小时要慢2分钟，而另一只手表每小时要快1分钟。等他再次去看表时，发现走得快的那只表要比走得慢的那只表整整超了1个小时。

你知道手表已经走了多长时间了吗？

206.把石头变小

❓ 小红在地上用石头摆了一个"岩"字。你能不能只拿走其中两块石头就让它变小呢？

207.出去了多久

? 妈妈在6点多一点儿出去买菜，这时分针和时针为110度角，在7点不到的时候回来，此时分针和时针刚好又成110度角。

请问：妈妈出去买菜花了多长时间？

208.开关和灯泡

? 舅舅家的新房刚刚建好，还弄不清楚哪个开关控制哪个灯泡。东屋有3个开关，西屋有3个灯泡。从东屋看不到西屋，但东屋里的每一个开关都控制西屋的一个灯泡。怎样才能只在东屋待一次、在西屋待一次就可以知道哪个开关是控制哪个灯泡的呢？

209.惨案发生的时间

❓ 昨天夜里，王奶奶听到一声惨烈的尖叫声，早上起床后发现邻居死在了家中。警察接到报案后，向街坊四邻了解案件发生的确切时间。

王奶奶说是12：08，李奶奶说是11：40，对面杂货店的老板说他清楚地记得是12：15，李先生说是11：53。这4个人的表都走得不准：有一只表慢25分钟，有一只表快10分钟，有一只表快3分钟，还有一只表慢12分钟。你能帮警察确定案发时间吗？

210.硫酸该怎么倒

❓ 化学实验室里有一个不规则的透明玻璃瓶，上面只刻着5升、10升两个刻度，但里面装了8升硫酸。老师要求从玻璃瓶中倒出5升硫酸，可是实验室的其他瓶子上都没有刻度，再加上硫酸的腐蚀性很大，你知道用什么办法一次就能准确地倒出所需的量吗？

211.3个儿子分马

一个商人临死前留下遗言，大意是将18匹马分给3个儿子。他要"传给长子1/2，传给次子1/3，传给三子1/9"。但是，当天有1匹马死掉了。剩下的17匹马用2、3、9都无法除开。3个儿子很发愁，不知道如何分配父亲留下的马匹。你想到办法了吗？

212.烧香定时间

有两根不均匀分布的香，烧完一炷香需要一个小时，你能根据这两根香燃烧的时间来确定一段15分钟的时间吗？

213.小圆转了几圈

❓ 两个圆环半径分别为1和2，小圆在大圆内部绕大圆的圆周一周，问小圆自身转了几圈？如果在大圆的外部，小圆自身又需要转几圈呢？

214.假手镯

❓ 王小姐很喜欢收藏手镯，一次，她出国旅游，看见一个人卖的手镯非常漂亮，一下子就买了10只回来。当时卖主告诉她，有一只较重的假手镯混在另外9只规格相同的真品中，请她自己回家后挑出来。

　　王小姐觉得这是一件非常简单的事，就回到了旅店。现在她手头只有一架没有砝码的天平，如果最多只准称两次，能把假手镯找出来吗？

215.牛棚的面积减半

❓ 右图中是一个用16根栅栏围起来的牛棚，农夫现在想移动5根栅栏，使牛棚的面积减半。当然，16根栅栏要全部派上用场。你觉得农夫可以达到他预想的目的吗？

216.灯泡开关

❓ 木板上有3个电灯泡，配线方法如图所示，现在左边的两个开关出现了故障，能不能在不使用任何新材料的情况下，让所有的灯泡均可自由开关？注意，不能将电线取下来或互相粘连，也不能换上其他开关。

217.外交部部长分饼

❓ 在招待外国大使的国宴上，特级厨师做了7张具有本国特色的饼。饼端上桌后，总统一下子犯了难，因为一共有12个国家的大使。哪一国的大使都不能得罪。外交部部长应变能力很强，他想了一下，拿起刀，在几张饼上划了几刀，每一张饼最多用了4刀，就将这7张饼均匀地分给了12个国家的大使。你知道他是怎样分的吗？

218.分绿豆

? 奶奶让小刚把小麦倒入一个空袋子里，马虎的小刚看也没看就把小麦倒入了一个装着绿豆的袋子里。幸好绿豆的袋子用绳子扎得很紧。要求不能借助其他任何容器，也不能将粮食倒在地上或其他地方的情况下，先把绿豆倒入另一个袋子中。

219.机灵的凌云

? 凌云的妈妈是某化肥厂的化验员。一次，凌云到妈妈的化验室里玩。妈妈问凌云："你看这6只化验用的玻璃杯，前3只玻璃杯里盛满了水，后面3只玻璃杯是空的。你能不能只移动1只玻璃杯，就将盛满水的杯子和空杯子间隔开呢？"

聪明的凌云想了一会儿，很快就做到了。你知道凌云是怎么做的吗？

2.拓扑结构

TUOPU JIEGOU

220.一笔画

下面这6幅图中有些可以一笔画出来，有些不能一笔画出来，请你将它们分别挑出来。

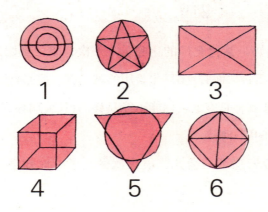

221.奥运会会标

你能用一笔就画出下图中的奥运会会标吗?

222.可能吗

❓ 下图中是已经画好的17个点。从任何一点画一条比点粗的直线连接其他的点，最后应让每一个点至少都能与另一点连接起来。但是，有一个人虽然连接上了所有的点，最后却还剩下一个点，你觉得有这种可能性吗？

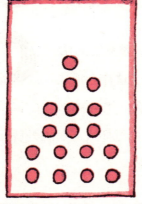

223.七桥问题

❓ 下图中是一条大河，河上有7座桥将两个小岛与河岸连接起来，你能不能将所有的桥都走一遍，最后又回到原来的位置？

224.莫比斯环

❓ 莫比斯环不仅形成过程非常奇妙，而且它可以在不断的剪切中发生无数的变化。请拿出一张长纸条，将其中一端翻转之后，再把两端连接固定，形成如图1所示转折1次的纸环。

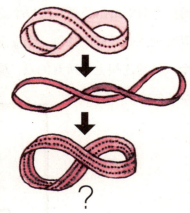

先把转折1次的纸环沿着宽度的1/2处剪开（如图中的虚线），这样会形成一个两倍长度、转折两次的纸环（如图）。接下来，把转折1次的纸环从宽度1/3处剪开成3等分。请你动手试一下，看看会出现什么情况？

225.两个影像

❓ 威威拿着一个如下图所示的器具，说："我在这个器具上看到了一个正的影像，一个倒的影像。"威威说得对吗？

226.完全吻合

? 请在A、B、C、D、E、F中找出一个与问号处完全吻合的图形。

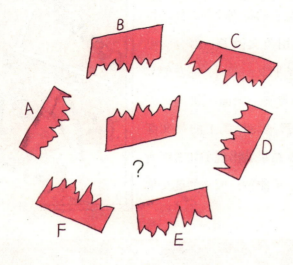

227.锥体展开

? 如果将右边的锥体展开，会是选项中的哪一个平面图呢？

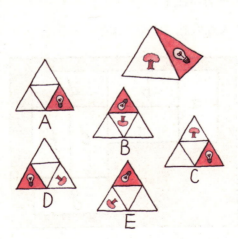

228.不协调的贴画

亨利自己做了一幅非常漂亮的贴画，为了凸显它的特别设计，他还特意在贴画上用英文做了一部分。可是，当他拿给朋友们看时，朋友们都说英文部分与整个画面不协调，于是他毫不犹豫地将贴画上的英文部分撕了下来，结果就出现了如右图所示的两幅画，你能猜出原来的英文是什么吗？

229.涂色

老师叫同学们自愿分成组，每组两个人，要求两个人轮流在图中涂色，已经涂过的地方和其相邻的地方就不能再涂。例如，甲先涂a，乙涂e，那么甲就没有地方可涂了。

如果先涂的人想取胜，应该先涂哪一块呢？

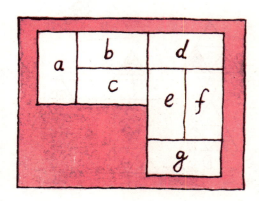

230.土地的面积

❓ 一个农夫急需用钱，他想将自己仅有的一块四周不规则的土地（已经制成精确的地图）出售，他想让对方按照土地面积来付钱。问题是，应该怎么样计算土地的面积呢？

231.缺了一块的图形

❓ 如果下面4块图形拼凑得当，就可以构成一个图形，只是最后还会少一块，请你将缺的一块找出来。

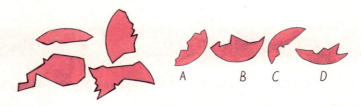

A　B　C　D

232.真实的立体图

❓ 有这样的一座建筑物，从正面看像图1，从右侧看像图2，俯视像图3。你能想象出这座建筑物的真实的立体图吗？

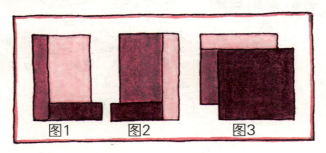

图1　　图2　　图3

233.找出多余的一块

❓ 下面7块图块中的6块能够拼成一个正方形，请找出多余的一块。

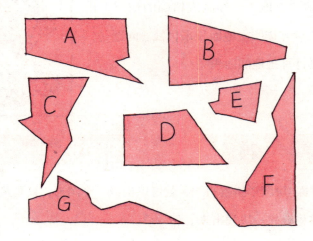

234.哪一粒不可能

❓ 已知下图5粒骰子中，有一粒是已知的骰面布局图无法构成的，你能找出来吗?

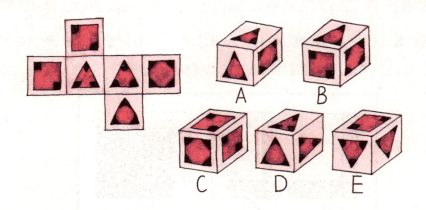

235. 三角形变倒立

下图中的三角形是由10个小圆排成的。请你移动其中3个圆，使它变成倒立的三角形。

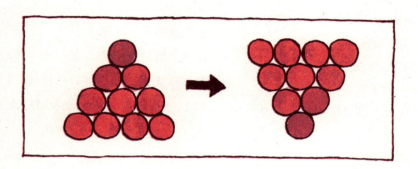

236. 钟上的时间

爷爷家有一个大钟，时针总是指在8时20分左右。假定时针和分针与6时标志的距离正好相等（如下图所示），你知道这表示的是几时几分几秒吗？

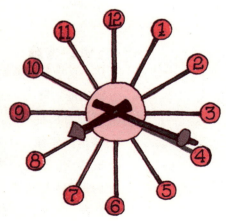

一、提升观察力的游戏

1.火眼金睛

001.一样的蝴蝶

A和F是完全一样的。

002.不相称

D。其他的都是顺时针向里旋转。

003.不同的蜘蛛

C。位置与另两个不同。

004.不同的螺旋蚊香

C。只有图案C是按顺时针方向旋转。

005.马的朝向

马是朝向你的。因为图中马蹄的方向朝前，由此可以判断出马的朝向。

006.共有几匹马

总共有4匹马。左右两边是两匹倒卧蜷缩的马，上下是两匹正在奔跑的马。

007.门廊中的正方形

15个。

008.补充图形

A。

009.能打结的绳子

C。

010.哪个圆圈大

两个圆圈一样大。

011.镜子里的时间

2：25。

012.是冬天还是夏天

左图是在夏天时画的。右图是在冬天画的。因为夏天11点钟的太阳位于屋顶上方，因而照射进屋里的光线面积小。

013.最后一个弹孔

最后一枪的弹孔是C。后发射子弹的裂痕在先发射子弹的裂纹处被挡住停下。所以子弹发射的顺序为D、A、B、C。

014.找出最长的竖线

这些流动的竖线的长度都是相同的。

015.比身高

3个人一样高。

016.立方体上的图案

D。我们都知道，同一个图案不可能同时出现在立方体的两个或两个以上的表面中。

2.常识考验

017.珍珠是怎么被偷的

原来的项链从上往下数，数到第8颗时分为左右两侧。珠宝店老板把项链拆开重组，让它从第9颗开始分成两侧。如此一来，按照伯爵夫人的数法，数来数去都是13颗。不同的是，珍珠的总数已由23颗变成了

21颗。

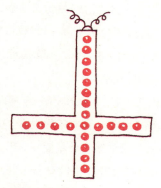

018.空格中的内容

空格中应填入"*"和"#"。这个数字板上的数字实际上是按照电话号码键的位置排列的。

019.填方格

表格是电脑键盘最左边的字母排列顺序。

020.星期几

星期六。

021.数学老师的争吵

等式是9×9=81，但从反方向看就是18=6×6，所以两位老师都认为自己是对的。

022.计算日期

设星期三为x，则（x−8）+x+（x+8）=42。得出x=14，所以这3天分别是6号、14号、22号。

023.下一个花形

变化规律是：添一个叶子，再添两个花瓣，然后减一个花瓣再添一个叶子，如此反复。

024.对号入座

知道D坐在A对面，那么D和A一定在2、5的位置上，又知F与A不相邻，那么A应在2号位置，D在5号位置，因为B在F的右面，所以4号是B，6号是F。

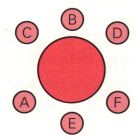

025.迷宫救公主

有可能，依图所示的地点，把钥匙丢给公主就可以了。你是否能把平面的思考转化成立体思考，这是基本的头脑急转弯更上一层楼的思索。

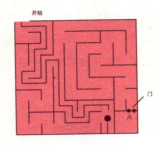

026.填充游戏

A。

027.组合数字

B。

028.哪一天相遇

根据（1a）和（2a），李四第一次去健身俱乐部的日子必定是以下二者之一：

（A）张三第一次去健身俱乐部那天的第二天。

（B）张三第一次去健身俱乐部那天的前6天。

如果（A）是实际情况，那么根据（1b）和（2b），张三和李四第二次去健身俱乐部便是在同一天，而且在20天后又是同一天去健身俱乐部。根据（3），他们再次都去健身俱乐部的那天必须是在2月份。可是，张三和李四第一次去健身俱乐部的日子最晚也只

能分别是1月份的第六天和第七天；在这种情况下，他们在1月份必定有2次是同一天去健身俱乐部：1月11日和1月31日。因此（A）不是实际情况，而（B）是实际情况。

在情况（B）下，1月份的第一个星期二不能迟于1月1日，否则随后的那个星期一将是1月份的第二个星期一。因此，李四是1月1日开始去健身俱乐部的，而张三是1月7日开始去的。于是根据（1b）和（2b），他二人在1月份去健身俱乐部的日期分别为：

李四：1日，5日，9日，13日，17日，21日，25日，29日；

张三：7日，12日，17日，22日，27日。因此，根据（3），张三和李四相遇于1月17日。

029.替换问号

D。

030.收益最大化

1号拿最多

可以采用反推过来的算法：

先分析若是轮到5号、4号、3号、2号会是何种情形，可知：轮到2号时他只需给4号1个宝石即可通过方案。即3号、5号得到的宝石数为0。

好了，下面来看第一个提出方案1号：

1号要想通过方案，则需要在2、3、4、5中争取到2个人。

从上述看出，既然轮到2号的局势已定，那他早已知道后面的海盗心里想什么了。

也就是简单地说，他们清楚认识到，轮到2号时，3号和5号得不到宝石！

那么这样的话，1号给3、5每人1个宝石即可以获得他们2个人的同意票。

最终结局的状态是：

1得到98个宝石，活，同意；

2得到0个宝石，活，不同意；

3得到1个宝石，活，同意；

4得到0个宝石，活，不同意；

5得到1个宝石，活，同意；

即：98、0、1、0、1（达到1号利益最大化）。

3.**图形分割**
031.只剪3刀
如图所示。

032.分割图形
这是一道经典的几何分割题。答案如图所示。

033.切表盘
如图所示。

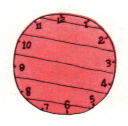

034.你做得到吗
如图所示。

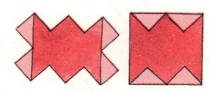

035.改装扇子
如图所示。

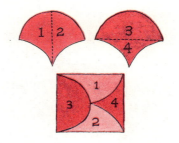

036.铁片分割

如图所示，切割线用虚线表示在图上。

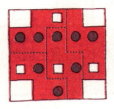

037.切圆柱

如图所示，可以在圆柱上直着切。

038.拼接图形

如图所示。

039.拼八角星

如图所示。

040.分割图形

如图所示，用粗笔在图片上画了一条线。

041.巧动铁丝

如图所示。

042.分割梯形土地

如图所示。

043.分割钟面

如图所示。

044.截磁铁

首先，要保证画出来的磁铁具有立体感，而不能简单地将磁铁画成弧形（图a）。否则，用两条直线最多能将马蹄形磁铁截成5段。按照图b中的方法就能将磁铁截成6段。

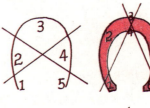

045.做调色板

在图①上割一块细长的木块，再倒过来拼上去。在图②上准备做成圆洞的地方，挖出一块圆形的木板再填回原来的洞中。

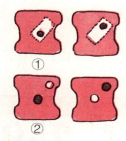

046.打不开的锁

原来，这把锁设计的巧妙之处就在于：如果你把钥匙拔出来，锁栓就会变成一条直线，那样即使不用钥匙也可以把门打开；事实上，只有你把钥匙插进去才能把门锁住。

047.机器零件

圆形板材的孔是正方形的，如果将圆形板材做成大小、形状均相同的4个机器零件，那么每个零件应占正方形的一个边。可按图中虚线所示的方法进行切割。

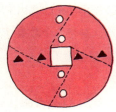

1.灵活数字

048.帕斯卡三角形

右图上的左边均为1，右边为2的n次方，右图是根据左图推导出来的。

049.补数字

29。自左上角开始，按着顺时针的方向，每两角数字之和即为下一数。

050.能被3除尽的数字

根据题目给出的条件，不论找出哪组数字，相加的结果都是3的倍数，所以它们组合的数字也都能被3除尽。

051.猜三位数

504。$7 \times 8 \times 9 = 504$。

052.填全数字

如图所示。

3	4	2	1
1	2	4	3
4	3	1	2
2	1	3	4

053.9个圆圈的数字

如图所示。

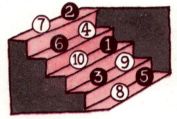

$$9 - 5 = 4$$
$$6 \div 3 = 2$$
$$1 + 7 = 8$$

054.错变对

①移动62，使它变成2的6次方。

②将后面"="上的"－"移到前面的减号位置，使等式成为62 = 63 － 1。

055.特别的阶梯

这个魔术阶梯就是著名的施罗德阶梯。将卡片中的6和9倒过来放，这样卡片就能形成连续的数字（9、10、11、12、13）了。

056.玩具的价格

鸭子：5；球：2；风车：4；熊：1；蝴蝶：3。因此，纵向列的未知数为11，横向行的未知数是11。

057.和是800的等式

$88 \times 8 + 8 + 88 = 800$。

058.各是多少

A＝4，B＝9，C＝5。

059.日历是几号

第一张是2号，最后一张是10号。

060.数字游戏

三位数为129。只要将"6"颠倒成"9"就可以找到答案了。如图所示。

061.缺的什么数字

6。

062.数字图形

16。

■＝4，   ◆＝7，

▲＝6，   ▼＝5。

2.算术谜题

063.分牛

15头牛。

064.多少坛酒

一共有567坛酒。先计算出中间一层是$7 \times 11 = 77$坛，再将这个数乘以7，最后加上常数28就是答案了。

065.猴子分苹果

原来至少有3121个苹果，最后剩下1020个苹果。

066.倒了多少牛奶和水

开始时，A牛奶桶里有5.5加仑水，B桶里有2.5加仑牛奶。最后，A桶中有3加仑水和1加仑牛奶，在B桶中有2.5加仑水和1.5加仑牛奶。

067.柠檬的总数

单数的一半再加上半个柠檬，正好是整数，可取3、5、7。但3、5不符合条件，所以可以推断出一共有7个柠檬，其中4个被藏在东屋，2个被藏在西屋。

068.分到多少糖

先确定姐妹分配糖果的比例是9:12:14。因此，最后大姐分到198块，二姐分到264块，小妹分到308块。

069.鸡和鸭的数目

经镜子照的物体都是左右相反的。数字中只有0、1和8在镜子中照出来依旧是0、1和8，由此可知，鸡和鸭的乘积一定是81。81在镜中照出来是18，正好是9+9，所以小明家里的鸡和鸭各有9只。

070.算羊

本题算法如下：

（100−1）÷（1+1+1/2+1/4）=36只。

071.花花跑了多远

小猫花花一共跑了5000米。花花跑的速度是不变的，所以只需知道小猫跑的时间，就可以计算出它所跑的距离。经计算得知明明追上天天用了10分钟，所以花花跑了5000米。

072.蜡烛燃烧的时间

两支蜡烛各烧了3小时40分钟。

073.摘了多少桃

桃子的总数是94个。用倒推法：雷神拿桃前：（1+1）×2=4；电神拿桃前：（4+1）×2=10；雨神拿桃前：（10+1）×2=22；风神拿桃前：（22+1）×2=46；土地公公拿桃前：（46+1）×2=94。

074.搬救兵的小蜜蜂

一共有14 641只蜜蜂。

第一次搬救兵：1+10=11（只）；第二次搬救兵：11+11×10=11×11=121（只）；

第三次搬救兵：……

一共搬了四次救兵，所以蜜蜂总数为：

11×11×11×11=14 641（只）

075.老太太的手帕

设老太太买了x副鞋带，则她买走了4x个针线包、8x块手帕，这些东西的平方和等于324美分，由此可解出x=2，所以这位老太太买了2副鞋带、8个针线包、16块手帕。

076.班长的组别

班长应该分在乙组。笨方法就是按顺序一个一个地排下去。我们也可以从题目中发现这样的规律: 不用列式, 可以算出分在甲组的有2、6、10、14等学号, 再用4除这几个学号, 就知道无论哪一个数都余2; 分在乙组的有3、7、11等学号, 用4除都余3; 分在丙组的4、8、12等学号都能被4整除; 分在丁组的5、9、13等学号用4除都余1。

077.3个9表示2

（9+9）÷9。

078.猫追老鼠

能。猫要跑60步才能追上老鼠。

079.罗蒙诺索夫的生卒年份

罗蒙诺索夫出生于1711年, 卒于1765年。

080.打到多少猎物

9只没有尾巴的, 9字去尾, 是0; 8只半个的, 8字一半, 是0; 6只没有头, 6字去头是0, 所以那天猎人一只猎物也没有捕到。

081.象棋跳马规则

"马"不可能跳回原位。如果我们把象棋棋盘上的交叉点看作是黑白相间的方格, 那么"马"每走一步, 都是从白格跳入黑格, 或者从黑格跳入白格。假设"马"原来放在白格, 再走过999步后, 也就是走过一个奇数步以后, 必定跳入黑格, 不可能再回到

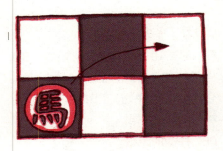

082.九角星形棋盘

后取棋子的人一定能获得胜利。如果先取的人拿走一子, 后取棋子的人就要拿走对面的两子; 如果先取的人拿走两子, 后取的人就拿走对面的一子。总之, 要让棋盘上剩下左边三子和右边三子两个孤立的集合。这时无论先取的人怎样取子, 只要在对称的位置拿走同样的棋子就可以了。按照这样的方法, 后走的人必能稳操胜券。原图简化如下:

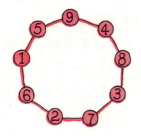

083.未发完的桥牌

由于只有4名牌手和52张牌, 所以根据发牌规则, 最后一张牌肯定是发牌人自己的。发牌中断后, 如果仍要继续发牌, 发牌人只要把未发完牌的最

下面一张给自己，其余的牌自下而上按逆时针方向发，就能保证正确地将牌发完。

084.怪老头摆棋

如图所示。

085.围棋的另类玩法

设最初的空圈是1号圈。每走一步用两个数字表示：前面的数字表示起步的圈号，后面的数字表示止步的圈号。

31步应为：9—1；7—9；21—7；10—8；7—9；22—8；8—10；6—4；1—9；18—6；3—11；16—18；18—6；30—18；27—25；24—26；28—30；33—25；18—30；31—33；33—25；26—24；20—18；23—25；25—11；6—18；9—11；18—6；13—11；11—3；3—1。

086.摆棋子

如图所示。

087.5×5棋子阵

原来的25枚棋子不动，只需要把新加上的5枚棋子如下图所示的那样与别的棋子重叠就可以了。

088.猜数问题

将这四个数字分别设为1、2、3、4。它们的排列情况有24种可能性。

其中第二个数字大于第一个数字的可能性有12种，其中有6种是第二个数为最大的。如果继续翻下去，只有5种情况可以得到最大数，赢的概率为5／12；而不继续翻下去，赢的概率就是6／12，大于继续翻的概率。因此，为了赢的希望大些，就不应该再继续翻牌。

1432	2431	4321
1423	2413	4312
1342	2341	4231
1324	2314	4213
1243	3421	4132
1234	3412	4123
3241	3214	3142
3124	2143	2134

089.移动棋子

4颗。如图所示。

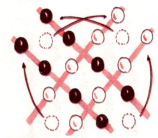

090.变动围棋

如图所示。

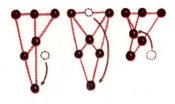

091.猜扑克

数字3对应的数牌是A。

K

J A Q

J K J

K

092.最佳变动方法

29步。2—6—13—4—1—21—4—1—
10—2—21—10—2—5—22—16—1—
13—6—19—11—2—5—22—16—5—

13—4—10—21。

093.花样扑克

有胜算。其实，如果朝上的一面是√，
朝下的一面是"√"或"×"的机会并
不是各占一半的。

朝下的牌是√的机会有两个：一个是第
一张卡片的正面朝上时，另一个是第一
张卡片的反面朝上时。

但朝下的一面是×的机会，只存在于当
第二张卡片正面朝上的时候。也就是
说，只要这个人回答朝上那面的图案，
他就有2/3的机会赢。

094.翻牌

需要翻开有心形和方格的牌，而不是翻
开带菱形和条纹的牌。因为如果翻开了
有方格的牌而背面是心形，表示这个
人在撒谎；翻开有条纹的牌另一面是菱
形或翻开有菱形的牌另一面是条纹并
不能说明什么。注意，"所有的心形的
牌的背面都是条纹"与"所有的有条纹
的牌的背面都是心形"两种情况是不
同的。

095.取走的两张牌

甲取走的两张牌是1、9；

乙取走的两张牌是4、5；

丙取走的两张牌是3、8；

丁取走的两张牌是2、6；

剩下的牌是7。

三、训练推理力的游戏

1.假设推理

96.几个天使

至少有两个天使。

如果甲是魔鬼，根据条件，可推出她们几个都是魔鬼；如果乙是魔鬼，又说了实话，则存在矛盾，所以甲是天使。这样的话，如果乙是天使，从她的回答来看，甲就成了魔鬼；相反，假设乙是魔鬼，那么丙就是天使了。所以无论哪种情况，都会有两个天使。

97.性别判断

丙是唯一的女性。

假设甲的父亲是丙，那么丙的同胞兄弟必定是乙，则乙的女儿必定是甲，从而得出甲是乙和丙两人的女儿。而乙和丙又是同胞兄弟，这是违背伦理纲常的。所以甲的父亲是乙，丙的同胞兄弟就是甲，丙是女性。

99.判断男女

甲、乙、戊、庚为男性，丙、丁、己为女性。

99.动物的数量

猴子：9只。

熊猫：13只。

狮子：7只。

100.好学的平平

如果学踢足球（第四项）在学射箭的

后面，那么踢足球和第五项运动共计花费3天以内的时间，这与条件（2）矛盾。所以，第四项运动是踢足球，第五项运动是射箭。

根据条件（1）可知，踢足球最长就是9日、10日、11日3天时间。又根据条件（2）（4），既不是1天也不是3天，所以只能是2天。根据条件（1），第三项（1天时间）是滑雪或者打保龄球。假设第三项运动是滑雪，学滑雪只能在8日进行，第四项运动学足球用2天，所以第五项学射箭用了5天。那么根据条件（4），剩下的学打网球和打保龄球的时间就是3天和4天了，在1日到7日之间进行，由于4日那天没有打网球，所以这个假设不能成立。

因此，第三项是打保龄球，第一项是网球，第二项是滑雪。

打保龄球只有9日，踢足球是10日和11日。所以，射箭是从12日开始的4天，网球是5天，剩下学滑雪是3天。

	运动的器材	开始	结束
第一项	网球	1日	5日
第二项	滑雪	6日	8日
第三项	打保龄球	只有9日	
第四项	踢足球	10日	11日
第五项	射箭	12日	15日

101.寻找鸵鸟蛋

根据条件（6）可知，丁发现了3个鸵

鸟蛋。因丙18岁，21岁的男孩发现1个或者2个鸵鸟蛋（条件3），19岁的男孩也发现1个或者2个鸵鸟蛋，所以丁是20岁。

因为21岁的男孩不是去了A岛（条件2），所以21岁的是甲，由此可推断，19岁的是乙。假设甲有2个鸵鸟蛋，那么乙就有3个，这就与条件（4）相互矛盾，所以甲是1个、乙是2个。因此可知，去C岛的人发现了2个，去C岛的是丙。

根据条件（6）可知，甲去了D岛，剩下的丁去了B岛。详见下表。

	年龄	岛	蛋
甲	21岁	D	1个
乙	19岁	A	2个
丙	18岁	C	2个
丁	20岁	B	3个

102.吃面包

丽丽星期一吃了3个椰蓉面包、1个豆沙面包；星期二吃了1个椰蓉面包、4个豆沙面包；星期三吃了4个椰蓉面包、2个豆沙面包；星期四吃了2个椰蓉面包、5个豆沙面包。

103.开始时的钱数

可以采用逆推法。一开始时甲有260元，乙有80元，丙有140元。

104.三位系领带的先生

黄先生系的是白领带，白先生系的是蓝领带，蓝先生系的是黄领带。

因为每个人带的领带与他的姓氏都不相同，所以黄先生不可能系黄领带；他也不可能系蓝领带，因为这种颜色的领带已率先被说话的那位先生系着，所以黄先生系的必定是白色的领带。余下的蓝领带和黄领带，一定分别是由白先生和蓝先生系的了。

105.婚姻状况

"Yesaihe"的意思是"否"。尼古拉斯未婚，他的回答是真话，所以罗伯特与埃米丽不是夫妻；杰希卡也是未婚，根据她的回答，可以断定她与尼古拉斯也不是夫妻。"Nabula"的意思为"是"。爱德华已婚，他讲的是假话，所以他与莎拉不是夫妻。那么，爱德华与埃米丽应该是夫妻，罗伯特与莎拉是夫妻，而尼古拉斯和杰希卡还是单身。如果作其他假设，则有的情况会互相矛盾，有时得不出唯一的解，所以这是唯一正确的答案。

106.妈妈的存款

如果老大说得对，那么老三、老四说得都对；如果老二说得对，那么老四说得也对；如果老四说得对，那么老大说得也对。取（0，100）的数集，在这个数集中的任何元素都可以确定老三是正确的，所以妈妈的存款少于100元。

107.贫穷骑士的求婚

这一定是一句只有贫穷骑士可以说的自我介绍的话。由于这个城邦里实际上有三种人，那么自我介绍的话也会有三种：

我是无赖——三种人都不会说；我是贵族骑士——贵族骑士和无赖可以说，贫穷骑士不会说；我是贫穷骑士——贫穷骑士和无赖可以说，贵族骑士不会说。

贫穷骑士说的话必须是只有他能说，而其他两种人不能说的话，这样才能使姑娘相信他。但上述三句话中，没有一句是这样的话。可以考虑贫穷骑士在自我介绍时用了否定的判断。否定的判断也有三种：

我不是无赖——贫穷骑士与贵族骑士可以说，无赖不会说；我不是贵族骑士——贫穷骑士可以说，贵族骑士和无赖不会说；我不是贫穷骑士——贵族骑士可以说，贫穷骑士和无赖不会说。

所以，只要贫穷的骑士说"我不是贵族骑士"，姑娘就可以断定他是贫穷骑士。

108.三个朋友聚会

可以聚会。假如明天下雨，那么B和C可以到A家去聚会。因为A没说雨天不聚会，而是雨天他不到外面去聚会。

109.不实陈述

有钱的人说假话，不会说自己有钱；没钱的人说真话，当然也不会说自己有钱，因此没有人会承认自己有钱。由此可知老五说的是假话，他一定有钱。因为老五说的是假话，所以老三没有钱。老三没有钱，所以他说真话。也就是说，老四事实上说过"我们兄弟5个都没钱"这句话。但是老五有钱，所以这是假话，由此推论老四有钱。进一步判断，老四所说的"老大和老二都有钱"是句假话，也就是老大、老二两人中至少有一人没钱。由于老四和老五都有钱，而老三说真话，所以老三不可能说"我的4个兄弟中只有一个有钱"这句话，所以老大在说谎，没有钱的是老二。综上所述：老二和老三没钱，老大、老四和老五有钱。

110.猜扑克牌

观众甲知道牌的点数，而判断不出是什么牌，显然点数不可能是2、3、6、7、8、J、K，因为这7种点数的牌都只有一张。这张牌的点数只能是A、4、5、Q之一。

观众乙知道这张牌的花色，同时知道对方不能做出断定，显然这张牌不可能是黑桃和草花。因为能做出断定的点数全部在黑桃和草花里。所以可能的牌只有红心A、4、Q和方块A、5。

观众甲经过上述判断，知道了牌的花色，说明这张牌不是A，那么只可能是红心4、Q或者方块5。然后观众乙知道了牌的点数，那么这张牌只可能是方块5。

111.是谁点的餐

成成点了可乐、三明治和土豆片。综合题内所给信息可知：玲玲点了色拉、炸鸡和炸鱼；小强点了牛奶和热狗；小明点了可乐和吐司色拉；小虹点了可乐、汉堡和炸鱼，小梅点了色拉、夹心面包片和洋葱卷。

2.疑案分析

112.雪地上的脚印

往返的脚印深度不同。扛着尸体时重量增大，所以留在雪地上的脚印就比较深，而返回时是空手而归，留下的脚印浅，所以可以断定报案的人就是凶手。

113.电话求救

亨利在打电话时做了点手脚。在通话时，他一讲到无关紧要的话，就用手掌心捂紧话筒，不让对方听到，而讲到关键的话时，就松开手。所以家人就收到了一段"间歇式"的情报电话："我是亨利……现在……皇家大酒店……和坏人……在一起……请你……快……赶来……"

114.5秒钟难题

凶手是送牛奶的人。因为只有知道金太太已经遇害，他才不再到这里送牛奶，而送报纸的人显然不知道这一点，每天仍然准时把报纸送来。送牛奶的人

作案后，显然没有想到这桩凶杀案在十多天以后才被人发现，他停止送奶的行为恰恰暴露了自己的罪行。

115.音乐会上的阴谋

B已经做好演出准备的事实，说明他对A的死和自己将上场演出事先有所准备，这就证明他涉嫌谋杀。如果他事前不知道这件事，在他临时被通知上场前就应准备一下，调好琴弦而不是直接拿着琴和弓上场。

116.正确的车牌号码

出租车司机看到的车牌的确没有错，但当时他是从后视镜中向后看的，所以实际上他看到的肇事车辆的牌号是10AU81。

117.左撇子自杀案

死者两个月前已经因为左手麻痹而不能再用左手拿手术刀，但案发现场手枪在死者的左手里，因此证明凶手是把他杀害后才将枪放到他的手中。在两名访客中，只有两天前从国外回来的人不知道他的左手有毛病，所以那个人就是凶手。

118.谁是绑架犯

绑架犯是赎金寄达地城市邮局的邮差，因为除了他以外，没有人能够收到地址和人名均错误的邮件。办理邮包业务负责人也可能拿到赎金，但问题是无法确定董事长在哪一个邮局

投寄赎金，所以能够收到的人只有收件当地的邮差。

119.办公室盗窃案

毛玻璃不光滑的一面只要用水润湿，使玻璃上面的细微的凹凸变成水平，就会变得透明，能清楚地看到出纳在房中做的一切事情。而在左边房间毛玻璃的一面是光滑的，就不可能有这个效果。

120.遗嘱仍然有效

原来，简的妻子为了保住遗产，故意把没有墨水的钢笔递给简。由于库尔和简都是盲人，自然也就没有发现，所以没有字的白纸最终被当成遗嘱保存下来。可是钢笔写字时划过白纸留下的痕迹仍然存在，经过仔细鉴别是可以分辨出来的，所以探长坚持认为遗嘱仍然有效。

121.作案的时间

短针的一个刻度间隔，相当于长针的12分钟。短针正对某一个刻度时，长针可能在0分、12分、24分、36分或48分中的任一位置上。所以答案只能是2时12分。

122.寻找偷马贼

骡子是母马和公驴交配而生，所以农夫在说谎。

123.回忆找凶手

酒吧老板。他本不应该知道死了人，

所以凶手就是他。

124.博士遭劫案

除非农场主事先见过博士的车子，否则他不可能知道该向修车铺要什么型号的轮胎。

125.谁是肇事者

从事发现场到下一个路口，必须经过那段泥泞的路。肇事者害怕留下证据就把车轮弄得干干净净，所以露出了马脚。

126.谁害死了贾斯

船夫去找贾斯，敲门时却喊贾大嫂，显然知道贾斯不在家，所以凶手是他。

127.找破绽

因为小木船是向后划的，那名男子背向桥全速划船，当然不可能看到桥上发生的事。

128.县令巧断案

县令让手下杀死其中的一只羊，与另一只羊一起放在柴堆里烧。活着被烧死的羊嘴里有很多烟灰，而死的羊嘴里却很干净。可那个女人丈夫的嘴里没有一丝灰尘，说明她的丈夫是被杀之后才被放到火中烧的。

129.杀人浴缸

管家证明自己没有作案可能的时间证据就是布莱克是被海水溺死的。实际上，被海水溺死并不一定就表示案件发生在海边。如果有足够多的海水，在浴缸里同样也能被海水溺死。所以，一种可能性极大的作案经过：管家秘密储存了装满一个浴缸的海水，挟持了布莱克，将他溺死在浴缸里，然后放掉海水，装满淡水，这个过程只需要10分钟就足够了。

130.不设防的财务室

作案的人应该是该公司里的员工，或者至少是能够经常进出公司的人，比如清洁工。作案的人买来一把相同的锁，趁别人不注意的时候和原锁调换了一下。财务人员下班时不用钥匙上锁，所以根本不会发现。晚上，罪犯潜入公司开锁进屋，作案后又将原锁换回锁好。这样，第二天早上财务人员开门时，还是不会察觉到门锁出过问题。

四、增进创新力的游戏

1.灵机一动

131.同一款服装

因为她看到的是镜中的自己。

132.最快的办法

再加水。

133.闹钟没有错

这是一个在镜子里看数字的时钟。事实上，如图所示，12时11分是11时51分、11时51分是12时11分、12时51分正好也是12时51分。其他时间钟表的数

字是反过来的，从镜子里看一定马上会察觉出来。小明碰巧看到了不用镜子也看得出来的时间。

134.下坡推车走

阿智的自行车刹车失灵了。骑上坡路的时候倒还安全，但是下坡就十分危险，所以他宁愿下来推车。

135.不会模仿的动作

人紧闭两眼，猴子也紧闭两眼。但人什么时候睁开眼，猴子永远不知道。

136.邀请邻居

大吼一声即可。

137.热水不见了

因为全都变成水蒸气了。

138.戒指掉哪儿了

钻戒掉到了茶罐里。

139.锁小艇

将3把锁一个套一个地锁在一起。3人

中任何一人都可用他的钥匙把锁打开或重新锁上。

140.小李在做的事

小李正在剪自己的手指甲和脚趾甲。用右手拿指甲刀，剪左手、左脚、右脚的指甲；换过左手拿指甲刀，再剪右手指甲。右手的工作量是左手的3倍，即使用左手剪的指甲数量再怎么增加，也无法剪左手的指甲，因此工作量的比例最多反转为1：3。

141.最笨的做法

因为装有钥匙的小包裹终究要投入信箱里，到时候信箱就再也打不开了。

142.演员的影像

什么也看不见。因为各个方向都铺满了镜子，没有缝隙，光线进不来。

143.不用上保险的名画

那是一幅巨大的壁画。小偷的手段再高，也不可能连美术馆一起偷走。

144.志刚勇敢吗

志刚是乘坐跳伞专用的飞机，准备跳伞。但是别人都跳下去了，志刚却不敢跳，坐着飞机回来，难怪会被人家说"不勇敢"。和志刚在一起的另外一个人当然是飞机驾驶员。

145.丢了多少钱

19元。

146.老人梳头

因为他要梳中分。

147.分罐头

因为大哥、二哥吃的全是果肉，轮到小弟吃时只剩汤汁了，难怪他要生气。

2.趣摆火柴

148.取出樱桃

如图所示。

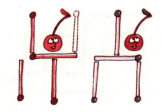

149.改变楼高

0根。如图所示，将它变个方向就是两层楼高的房子了。

150.变换房屋的方向

如图所示。

151.添一根火柴

如图所示，倒过来看就是扑克牌中的"A"（即一点），也就是数字1。

152.农场主分地

增加7根火柴。

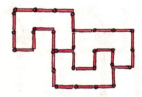

153.把"E"变小

如图所示，加一根火柴可以使它变成小写字母"e"。

154.火柴分隔图形

如图所示。

155.变正方形

（1）从任何一个转角的地方移取两根火柴，如图A所示重新放置。注意，4个小正方形组成了一个大正方形。

（2）在答案A的基础上，移动剩下的那根火柴，如图B所示。

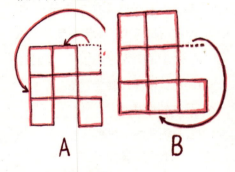

156.向反方向游

将上面的3根火柴移到下面。

157.左顾右盼的小猪

方法一：让猪回过头去。

方法二：让猪转过身，尾巴下垂。

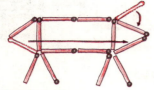

158.大小长颈鹿

让大长颈鹿的腹部向外鼓出，那么在它的肚子里就多出一头小长颈鹿了。

159.8根火柴棒

如图所示。

160.变三角形

如图所示，移动3根火柴，将1个三角形移到另外两个三角形的上面。那么，新组成的图形中就有4个小三角形和1个大三角形，一共是5个三角形。

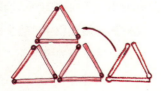

161.等分三角形

A部分是个矩形，面积为2；B部分可以分割成两个相同的直角三角形，面积也是2；因为大三角形的面积是6，所以C部分的面积也是2。3部分面积完全相等。

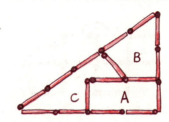

162.火柴头朝上

如图所示。

163.移动3根火柴

如图所示。

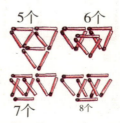

5个　　6个

7个　　8个

164.相同的图形

将图中打O的和打O的、打x的和打x的

地方用火柴连起来就可以了。

把火柴棒竖起来当小数点

165.巧变正方形

如图所示。

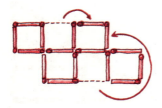

169.移火柴

如图所示。

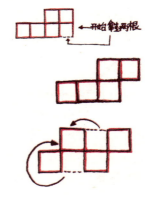

166.巧妙移动

如图所示。

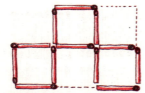

五、加强判断力的游戏

1.直觉判断

170.分辨真花和假花

打开窗户，让蜜蜂飞到房间里来，蜜蜂只采真花的花蜜。

167.保持图形的面积

如图所示。

171.冷得快的牛奶

温度高的牛奶冷得快。冷却的快慢不是由液体的平均温度决定的，而是由液体上表面与底部的温差决定的。热牛奶急剧冷却时，这种温差较大，而且在整个冻结前的降温过程中，热牛奶的温差一直大于冷牛奶的温度差。上表

168.加火柴

可以把火柴竖起来当小数点用；还可以将一根火柴斜放在等号上，变成"不等于"。这两种方法都能使式子成立。

面的温差愈大，从上表面散发的热量就愈多，因而降温就愈快。

172.真假古铜镜

公元前42年时，公元纪年的概念还没有出现；汉字的公元纪年到20世纪才有。中国在使用公元纪年前，是使用帝号纪年法和干支纪年法的。

173.荒谬的法令

不可能实现国王的初衷。假设所有的女人生头胎的比例为男女各占一半。如果母亲生了男婴就不能再生孩子，生女婴的母亲仍然可以生第二胎，比例是男女各占一半，这一轮生男婴的母亲不能再生第三胎，剩下来的母亲仍然可以生第三胎。在每一轮的比例中，男女的比例都是各占一半的。因此，将各轮生育的结果相加，男女比例始终相等。当女孩们成为新的母亲时，上面的结论同样适用。

174.哪个世纪

是20世纪。21世纪是从2001年1月1日开始的。

175.环球旅行

没道理。飞机越过南极和北极之后，会改变方向。

176.潮水何时淹没绳结

如果考虑水涨船高绳也高的现象，那么潮水永远都不会淹没第四个绳结。

177.哥伦布航海

E。冒险航海环绕地球的是麦哲伦。

178.哪只狗流汗多

都不流汗。狗的汗腺不发达，不管天气多么热或者刚刚运动完，也不会出汗。狗经常伸出舌头喘气，就是让体内部分水分由喉部和舌面排出，这是狗散发体内热量的独特方式。

179.山羊吃白菜

9分钟。一只山羊吃掉一棵白菜需要6分钟，所以吃掉一棵半的白菜需要9分钟。另外，半只山羊是不会吃东西的。

180.房子在哪里

北极或者南极。

181.假币的损失

商店老板一共损失了100元。店老板用100元假币换了朋友的100元真币，并没有损失。之后，与持假钞的顾客交易时：100＝75＋25元的货物，其中100元为兑换后的真币，这个过程中老板也没有损失。朋友找老板退回假币时，店老板亏损了100元。所以，整个过程中店老板一共损失了100元。

182.猜猜熊的颜色（1）

只有在北极，走了一圈后才能最终回到起点。北极只有北极熊，所以小熊的颜色一定是白色的。

183.猜猜熊的颜色（2）

小熊是白色的。只有在北极和南极，熊才能在两秒钟的时间里下落20米。因为地球是椭圆形的，根据万有引力定律，距地球的地心越近，地球的引力就越大。地球上离地心较近的地方在两极。而南极没有熊，北极只有北极熊，所以小熊是白色的。

184.寒间还是暖间

"暖间"的可能性大，而且比"寒间"的可能性大一倍。因为进去是暖间的情况有3种：一种情况旅客是从暖1进去的；还有一种情况旅客是从暖2进去的；最后一种情况旅客是从暖3进去的。在这3种情况下，旅客所处房间的隔壁为寒1、暖3、暖2，也就是说，隔壁房间是"暖间"的可能性比"寒间"的可能性大了1倍。

185.后天是星期几

星期三。

2.思维陷阱

186.数字间的规律

1、3、7、8注音都是阴平；2、4、6注音都是去声；5、9注音都是上声。

187.买鸡赚了多少

第一次9元钱卖鸡时赚了1元，第二次11元卖掉时又赚了1元，总共赚了2元。

188.简单的糊涂账

第一次的1元钱已经"变"成了面条，不能再计算进鸡蛋面的钱中。小气鬼还应该再付1元钱。

189.赚了还是亏了

整整多赚了50元。因为阿甘只买了35元的东西，没理由拿两个50元让老板找。既然他给了老板50元，却找回65元，可见他多赚了老板50元。

190.奇妙的数字

任何数。用这个奇妙的组合算式计算出来的结果遮住后面的"00"，得到的永远都是最初的数。

191.泄密年龄的公式

这是一个通用的式子。把最后的数字扣掉365，前四位数就是你的出生月日，剩下的十位与个位数就是你的年龄。

192.白猫的噩梦

从白老鼠起（白老鼠不数进）顺时针方向数到第6只。必须从这一只老鼠开始，朝一个方向（顺时针方向）绕着圈数。如果要预先确定从哪只老鼠数起，只要按圆画12个点和1个十字叉，再从十字叉开始数。按圆圈朝一个方向数，把每次数到的第13个点划去（如果第13个轮到十字叉，那就把十字叉划去），一直数到剩下最后1点为止。现在可以把最后这1点作为白老鼠，而十字叉位置就是应该开始数起的那只黑老鼠。

193.怎么样做才公平

正确。虽然李梅与王强的面包数之比为5∶3，但是他们分给的面包数的比例为：8个面包3个人分，每个人得到了8/3个面包，也就是说，李梅贡献了7/3个，王强只贡献了1/3个，所以王强应该拿1角钱，而李梅则应该分到7角钱。

194.翻墙的蜗牛

18天。实际上，蜗牛每天可以向上爬1米，17天能上升17米。到第18天它再爬3米就到达20米高的墙头，不会再次滑下。然后它可以"纵身一跃"，立刻到达另一边的墙脚。

195.蛀虫咬了多长

13厘米。找4本书，按照题目要求摆放。仔细观察，就可以知道第一卷的封面紧靠第二卷的封底，第二卷的封面紧靠第三卷的封底，第三卷的封面紧靠第四卷的封底。从整套书来看，蛀虫实际上只咬了第一卷的封面，第二、第三卷的封面及封底和第四卷的封底，一共13厘米。要注意，绝大部分书都是从左向右翻的。如果你看的书是从右向左翻的，得到的答案应该是23厘米。

196.跑步超越

如果你回答"第一"就错啦！这名运动员超过的是原本位居第二的人，所以他取代的是第二的位置，也就是说，他现在是第二。

197.吃馒头协议

吃了同样数量的馒头之后，如果最后剩下一个，就给大哥吃；如果剩下两个，就给二哥和小弟吃。这样一来，他们能吃到剩下馒头的概率都是一样的。

198.糖果包装的价格

2.5元。一般人会脱口说包装是5元钱。可是如果是这样的答案，那么糖果就只比包装贵15元了，而题目要求糖果比包装贵20元。所以答案应该是包装2.5元，糖果本身值22.5元，这样糖果才恰好比包装贵20元。

199.乌龟和青蛙赛跑

第一场比赛，乌龟跑100米所需时间和青蛙跑97米的时间是一样的，因此，在第二场比赛中，乌龟和青蛙同时到达同一条线，而在剩下的同样是3米的距离中，乌龟的速度快，所以当然还是它先到达终点。

200.爬楼梯比赛

第5层。如果两人同时从1楼开始，甲爬到第9层时相当于爬了8层，而乙应该是爬了4层，说明乙恰好爬到第5层。

201.分苹果

抛出两枚硬币后，两枚都是正面的概率为1/4；两个都是反面的概率为1/4；一个正面，一个反面的概率为1/2。因此，一正一反出现的可能性是其他两种情况的2倍，所以乙、丙不同意这样分配。

202.骆驼的嘶鸣声

45分钟。商人只要在9头骆驼的背上烙上印，就可以将这些骆驼区别开。

203.一年内吃4种水果

从第15年开始，的确每种水果都可以开花结果，可是因为各种水果的生长季节不同，所以不可能在同一时间吃到4种水果。

六、拓展想象力的游戏

1.答疑释问

204.坐座位

E。如图所示。

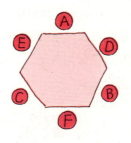

205.过了多久

一只手表比另一只手表每小时快3分钟，所以20小时之后，它们的时差为1小时。

206.把石头变小

如图所示，就能变成"小石"了。

207.出去了多久

假设分针速度为1，则时针速度就为1/12。依题意，妈妈回来时，分针共比时针多走了110度＋110度＝220度，相当于220÷30＝22/3（大格），所以（22/3）÷（1－1/12）＝8（大格）。8×5＝40（分钟），即妈妈出去了40分钟。

208.开关和灯泡

先打开一个开关，过一会儿关掉，再打开另一个开关，马上走到另一间屋子里。亮着的灯泡的开关就是第二次打开的开关。然后用手摸摸两个没有亮的灯泡，因为有一个开关事先打开了一会儿，所以有一个灯泡是热的，它就是第一个开关控制的，那么剩下的一个开关就对应没有亮的灯泡。

209.惨案发生的时间

案发时间是12：05。只需从最快的手表（12：15）中减去最快的时间（10分钟）或者将最慢的手表（11：40）加上最慢的时间（25分钟）就可以得出相同的答案。

210.硫酸该怎么倒

往瓶里放入大小不同的玻璃球，使液面升到10升的刻度处，然后往外倒出硫酸至5升刻度处。这是利用玻璃球不被硫酸腐蚀的特点。

211.3个儿子分马

先假定仍有18匹马，这样的话，长子将得到1/2（9匹马），次子得到1/3（6匹马），三儿子得到1/9（2匹马）。这样3人分到的马的数量加起来正好是17匹。

212.烧香定时间

一根香点两端，一根香点一端；当点两端的香烧完时就是半小时，这时再点燃另一根香的未点的一端，从烧完第一根香到烧完第二根香的时间就是15分钟。

213.小圆转了几圈

两圈。因为小圆滚两圈的距离等于大圆的周长。在里圈转和在外圈转答案一样，因为距离没变。

214.假手镯

先把9只分成3部分：A、B、C，每部分3只，把A、B两部分放在天平的左右两边，如果平衡，则假的在C部分里；如果不平衡，哪部分较重，假的就在哪部分里。再把假的那部分里的3只手镯中的2只分别放在天平的左右盘上。如果平衡，余下的一只是假的；如果不平衡，较重的那只是假的。

215.牛棚的面积减半

按照图中所示的方法，把原来的土地面积改围成4块中的两块。

216.灯泡开关

拆掉故障的开关（图中做记号），将两端的电线连起来。关的时候，只要把灯座上的电灯泡转松就可以了。

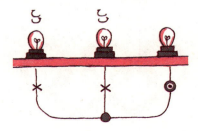

217.外交部部长分饼

3张饼，每张切两刀；4张饼，每张切三刀。

218.分绿豆

先把袋子上半部分的小麦倒入空袋子，解开原先袋子的绳子，并将它扎在已倒入小麦的袋子上，然后把这个袋子的里面翻到外面，再把绿豆倒入袋子中。这时候，把已倒空的袋子接在装有小麦和绿豆的袋子下面，把手伸入绿豆里解开绳子，这样小麦就会倒入这只空袋子，另一个袋子里就是绿豆。

219.机灵的凌云

凌云把中间盛水的玻璃杯里的水，倒入3只空杯中间的那只玻璃杯里，然后把空杯放回原处就行了。

2.拓扑结构

220.一笔画

1、2可以一笔画出来，3、4、5、6不能一笔画出来。

221.奥运会会标

如图所示。

222.可能吗

有可能。那个人像图中所显示的一样画直线，所以留下一个"点"的简体字。

223.七桥问题

不能。这是著名的哥尼斯堡七桥问题，欧拉在做这道题时，将两个小岛和河的两岸分别看作4个点，而把7座桥看作这4个点之间的连线，那么这个问题就简化成：能不能用一笔就把这个图形画出来。经过进一步的分析，欧拉得出结论——不可能把每座桥都走一遍，最后回到原来的位置。

224.莫比斯环

一个大环和一个小环套在一起。如图所示：

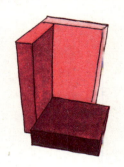

225.两个影像

正确。拿一把勺子，当你用凹面照时，成的像就是倒的；如果用凸面照，就是正的。而该图形恰好是由凹、凸部分连线在一块，所以你很容易在这个容器上看到两个像，并且一个是正的，一个是倒的。

226.完全吻合

B。

227.锥体展开

B。

228.不协调的贴画

I LOVE YOU。

229.涂色

d。

230.土地的面积

制造一个凹陷的塑料地图（凹陷部分的高度是一样的）放入水中，算一下体积，然后除以塑料块的厚度，再通过地图上的比例尺得出这块土地的面积。

或者把地图复本盖在木板上，做出相应的木板地图，然后做一个任意面积的正方形木板，算一下正方形的面积，再在天平上称出这两个木板的重量比，列等式，重量比等于面积比，求出面积。

231.缺了一块的图形

B。

232.真实的立体图

如图所示。

233.找出多余的一块

G。

234.哪一粒不可能

E。

235.三角形变倒立

如图所示。

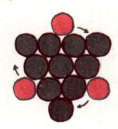

236.钟上的时间

8时18分30秒。

书目

001. 唐诗
002. 宋词
003. 元曲
004. 三字经
005. 百家姓
006. 千字文
007. 弟子规
008. 增广贤文
009. 千家诗
010. 菜根谭
011. 孙子兵法
012. 三十六计
013. 老子
014. 庄子
015. 孟子
016. 论语
017. 五经
018. 四书
019. 诗经
020. 诸子百家哲理寓言
021. 山海经
022. 战国策
023. 三国志
024. 史记
025. 资治通鉴
026. 快读二十四史
027. 文心雕龙
028. 说文解字
029. 古文观止
030. 梦溪笔谈
031. 天工开物
032. 四库全书
033. 孝经
034. 素书
035. 冰鉴
036. 人类未解之谜（世界卷）
037. 人类未解之谜（中国卷）
038. 人类神秘现象（世界卷）
039. 人类神秘现象（中国卷）
040. 世界上下五千年
041. 中华上下五千年·夏商周
042. 中华上下五千年·春秋战国
043. 中华上下五千年·秦汉
044. 中华上下五千年·三国两晋
045. 中华上下五千年·隋唐
046. 中华上下五千年·宋元
047. 中华上下五千年·明清
048. 楚辞经典
049. 汉赋经典
050. 唐宋八大家散文
051. 世说新语
052. 徐霞客游记
053. 牡丹亭
054. 西厢记
055. 聊斋
056. 最美的散文（世界卷）
057. 最美的散文（中国卷）
058. 朱自清散文
059. 最美的词
060. 最美的诗
061. 柳永·李清照词
062. 苏东坡·辛弃疾词
063. 人间词话
064. 李白·杜甫诗
065. 红楼梦诗词
066. 徐志摩的诗

067. 朝花夕拾

068. 呐喊

069. 彷徨

070. 野草集

071. 园丁集

072. 飞鸟集

073. 新月集

074. 罗马神话

075. 希腊神话

076. 失落的文明

077. 罗马文明

078. 希腊文明

079. 古埃及文明

080. 玛雅文明

081. 印度文明

082. 拜占庭文明

083. 巴比伦文明

084. 瓦尔登湖

085. 蒙田美文

086. 培根论说文集

087. 沉思录

088. 宽容

089. 人类的故事

090. 姓氏

091. 汉字

092. 茶道

093. 成语故事

094. 中华句典

095. 奇趣楹联

096. 中华书法

097. 中国建筑

098. 中国绘画

099. 中国文明考古

100. 中国国家地理

101. 中国文化与自然遗产

102. 世界文化与自然遗产

103. 西洋建筑

104. 西洋绘画

105. 世界文化常识

106. 中国文化常识

107. 中国历史年表

108. 老子的智慧

109. 三十六计的智慧

110. 孙子兵法的智慧

111. 优雅——格调

112. 致加西亚的信

113. 假如给我三天光明

114. 智慧书

115. 少年中国说

116. 长生殿

117. 格言联璧

118. 笠翁对韵

119. 列子

120. 墨子

121. 荀子

122. 包公案

123. 韩非子

124. 鬼谷子

125. 淮南子

126. 孔子家语

127. 老残游记

128. 彭公案

129. 笑林广记

130. 朱子家训

131. 诸葛亮兵法

132. 幼学琼林

133. 太平广记

134. 声律启蒙

135. 小窗幽记

136. 孽海花

137. 警世通言

138. 醒世恒言

139. 喻世明言

140. 初刻拍案惊奇

141. 二刻拍案惊奇

142. 容斋随笔

143. 桃花扇

144. 忠经

145. 围炉夜话

146. 贞观政要

147. 龙文鞭影

148. 颜氏家训

149. 六韬

150. 三略

151. 励志枕边书

152. 心态决定命运

153. 一分钟口才训练

154. 低调做人的艺术

155. 锻造你的核心竞争力：保证完成任务

156. 礼仪资本

157. 每天进步一点点

158. 让你与众不同的 8 种职场素质

159. 思路决定出路

160. 优雅——妆容

161. 细节决定成败

162. 跟卡耐基学当众讲话

163. 跟卡耐基学人际交往

164. 跟卡耐基学商务礼仪

165. 情商决定命运

166. 受益一生的职场寓言

167. 我能：最大化自己的 8 种方法

168. 性格决定命运

169. 一分钟习惯培养

170. 影响一生的财商

171. 在逆境中成功的 14 种思路

172. 责任胜于能力

173. 最伟大的励志经典

174. 卡耐基人性的优点

175. 卡耐基人性的弱点

176. 财富的密码

177. 青年女性要懂的人生道理

178. 倍受欢迎的说话方式

179. 开发大脑的经典思维游戏

180. 千万别和孩子这样说——好父母绝不对孩子说的 40 句话

181. 和孩子这样说话很有效——好父母常对孩子说的 36 句话

182. 心灵甘泉